"예수님처럼 정시기도와 무시기도, 믿음의 기도를 하라."

기도의 능력

김열방 김상혁 국순희
민두님 박경애 박미혜

지음

"이 때에 예수께서 기도하시러 산으로 가사
밤이 새도록 하나님께 기도하시고"(눅 6:12)

날개미디어

나는 생수의 강을 따라 기도한다

당신은 어디에 최고의 가치를 둡니까?

나는 하나님과 함께 보내는 기도 시간에 최고의 가치를 둡니다.

기도는 하나님이 나와 함께 있고 싶어 만드신 그분의 아이디어입니다. 기도는 한 시간에 1억으로도 바꿀 수 없을 만큼 높은 가치가 있습니다. 기도는 하나님이 인간에게 주신 최고의 능력이며, 인간이 이 땅에서 누릴 수 있는 최고의 특권이자 럭셔리입니다.

기도는 하나님과 대화하며 단둘이 오랜 시간을 보내는 것입니다. 물론 우리는 짧게 몇 마디로 기도할 수도 있습니다. 하나님은 우리가 생각만 해도, 한 마디만 말해도 응답하십니다. 예수님은 "너희가 무엇이든지 기도하고 구하는 것은 받은 줄로 믿고 마음에 조금도 의심하지 말라. 그리하면 너희에게 그대로 되리라"고 말씀하셨고 나는 짧은 몇 마디 믿음의 기도를 통해 많은 것을 응답받았습니다.

"지혜를 주세요. 받았음, 감사합니다"라는 짧은 한 마디 '믿음의 기도'를 통해 지혜를 얻어 100권의 책을 출간했고 전인적인 부요함과 셀 수 없는 많은 기도 응답과 변화와 치유를 주님께 받았습니다.

기도 응답은 쉽습니다. 1억이든 10억이든 하나님께는 열방이 통의 한 방울 물과 같이 작습니다. 그분은 열방보다 억만 배나 크신 분이시며 말씀 한 마디로 수억 개나 되는 은하수를 만드셨습니다.

그런 창조주 하나님이 행하신 최고의 기적은 바로 나를 만드신 것입니다. 나는 전무후무하고 유일무이한 그분의 천재적인 작품입니다. 그분은 나란 존재를 우주에 하나밖에 없는 존귀하고 보배로운 존재, 하나님의 형상을 닮은 인격체로 만드셨고 큰 가치를 부여하셨습니다. "너는 나에게 외동아들과 같이 소중하고 가치가 있다."

아담과 하와가 죄를 짓고 타락했을 때 황소와 염소의 피는 능력이 없었기 때문에 죄를 덮어둘 수밖에 없었습니다. 하지만 하나님의 어린 양 예수 그리스도의 피는 능력이 있었기 때문에 죄를 씻어 완전히 제거할 수 있었습니다. 이것은 무엇을 말할까요? 나와 당신의 존재가 황소와 염소의 피가 아닌 보배롭고 존귀한 하나님의 아들 예수 그리스도의 피만큼의 높은 가치가 있다는 것입니다.

하나님이 그 정도로 나의 가치를 높게 정하셨습니다. 그러므로 나는 나를 보배롭고 존귀하게 여기시는 하나님과 대화하며 오랜 시간을 보내기 위해 매일 시간을 뚝 떼어 골방에서 5~10시간 정도 기도하는데, 그 시간이 5~10분인 것처럼 금방 지나갑니다.

내가 이렇게 기도하는 것은 어쩔 수 없이 해야 하는 의무나 고역이 아닙니다. 기도는 예수의 피로 죄 사함 받고 구원 받은 내 영이 행복해서 춤추고 노래하는 축제의 시간입니다. 나는 지금도 몇 시간 기도하다 와서 이 책을 쓰고 있는데 또 기도하고 싶고 더 많이 기도하고 싶습니다. 당신의 기도 시간은 어떤가요?

나는 육체를 따라 힘들게 기도하지 않습니다. 내 안에 가득한 성령님의 기름 부으심을 따라 '들숨과 날숨을 통해, 흐름을 타며, 영으로' 기도합니다. 내 배에서 흘러 나는 생수의 강을 따라 물 흐르듯이 기도하기 때문에 시간 가는 줄 모르고 몇 시간씩 행복한 마음으로 기도합니다. 찬송과 설교, 저술도 그렇게 '흐름'을 탑니다.

내게 있어 이 모든 것은 숨 쉬는 것처럼 자연스럽지만 초자연적인 영역에서의 활동이므로 노동이 아닌 '쉼과 회복의 시간'입니다.

사람들은 더 많은 것을 가지면 행복할 거라고 생각합니다. 하지만 행복은 '예수님의 속량의 은혜와 임재로 주어지는 선물'입니다.

많은 사람들이 더 많은 돈과 명예, 권력과 사람, 건물과 땅, 학벌과 자산을 가지면 지금 겪는 문제가 다 해결되고 더 이상의 불행은 없을 거라고 믿습니다. 과연 그럴까요? 결코 그렇지 않습니다.

지금 행복하지 못하다면 더 많은 것을 가져도 행복하지 못합니다. 지금 불행하면 더 많은 것을 가졌을 때는 더 불행해집니다.

사람들은 더 많은 것을 갖지 못해 안달하며 불평합니다.

"왜 내게는 그런 은사와 능력을 주시지 않나요?"

"내가 너를 아껴서 그런 거란다. 네게 꼭 맞는 옷을 준 거야. 네 몸에 맞는 스타일과 사이즈의 옷이 가장 편하고 좋은 거야."

행복은 '지금 내 모습 이대로'에서 시작됩니다. 이것은 무엇을 말할까요? "주께서 내 머리에 기름을 부으셨으니 내 잔이 넘치나이다"라는 다윗의 고백처럼 외부의 성공이 아닌 주께서 부어 주신 내면의 기름 부으심 때문에 마음이 행복하다는 것입니다.

만약 1분의 기도 시간이 행복하지 못하다면 10시간의 기도 시간도 행복하지 못할 것이며, 늘어난 기도 시간만큼 불행도 늘어날 것입니다. 그러므로 1분을 기도하더라도 생수의 강을 따라 행복한 마음으로 기도해야 합니다. 나는 1분을 기도하든, 10시간을 기도하든 내 안에서 강물처럼 흐르는 생수의 강을 따라 기도합니다.

만약 목회자가 두세 사람의 성도가 모였는데 행복하지 못하다면 2, 3만 명이 모여도 행복하지 못할 것이며, 늘어난 성도 수만큼 불행과 불만, 부담과 스트레스도 더 커질 것입니다. 그러므로 두세 명이 있을 때 생수의 강을 따라 행복한 마음으로 목회해야 합니다.

나는 눈에 보이는 성도를 따라 목회하지 않고 내 안에 강물처럼 흐르는 생수의 강을 따라 목회합니다. 그래서 행복합니다.

당신이 하고 있는 일이 무엇이든 힘쓰고 애쓴다고 되는 것이 아닙니다. 시냇가에 심긴 나무가 시절을 좇아 과실을 맺는 것처럼 하나님의 은혜로 말미암아 저절로 잘되는 것이 참된 성공입니다.

그러므로 억지로 성공하겠다고 애쓰며 머리 굴리지 말고, 저절로 잘된다고 믿어야 합니다. 입버릇처럼 이렇게 믿고 말하십시오.

"나는 저절로 잘되는 사람이다."

"내게 주신 자녀는 저절로 잘된다."

"내가 출석하는 교회는 저절로 잘된다."

"내가 출근하는 회사는 저절로 잘된다."

이렇게 믿고 행복한 마음으로 생활하면, 주님이 직접 임재하셔서 모든 일을 이루어 나가시는 것을 보게 될 것입니다. 주님은 당신보다 억만 배나 지혜롭고 능하신 분입니다. 그분을 신뢰하십시오.

당신이 예수 그리스도를 구주로 믿고 구원 받은 순간, 당신 안에 예수님이 살아 계시며 밤낮 생수의 강이 흐르고 있습니다. 그 생수의 강을 따라 행복한 마음으로 기도하고 설교하고 전도하고 상담하고 독서하고 저술하고 공부하고 사업하고 장사해야 합니다. 생수의 강을 따라 직장 생활을 하고 자녀를 돌보고 집안일을 하십시오.

한 사람이 이런 말을 하는 것을 들었습니다.

"우리 자신이 행복해지기 위해 일하는 것이 아닌가요?"

그렇게 말하는 분은 지금 행복하지 않다는 의미입니다. 행복해지기 위해 더 많은 기도와 찬송, 더 많은 설교와 상담, 더 많은 전도와 선교, 더 많은 공부와 저술, 더 많은 장사와 사업을 한다면 그 사람은 결코 행복해질 수 없습니다. 지금 행복하지 않은 사람은 더 많이 가질수록 더 많이 불행해지기 때문입니다. 내 안에 흐르는 생수의 강으로 인해 말할 수 없이 행복하기 때문에 모든 일을 해야 합니다.

나는 행복해서 기도하고 설교하고 목회하고 저술합니다.

그리고 사실은 내가 이 모든 일을 하는 것이 아니라 내 안에 나와 함께 계신 예수님이 일하시는 것입니다. 예수님은 우주 만물 그 어떤 것보다 더 실제로 내 안에, 그리고 나의 가정과 교회, 회사에 임재해 계십니다. 나는 예수님과 함께 있는 사람입니다. "이에 열둘을 세우셨으니 이는 자기와 함께 있게 하시고……"(막 3:14)

나는 죽었고 내 안에 예수 그리스도가 살아 계십니다. 그러므로 내가 기도하지 않습니다. 내 안에 계신 예수님이 기도하십니다.
내가 찬송하지 않습니다. 내 안에 계신 예수님이 찬송하십니다.
내가 설교하지 않습니다. 내 안에 계신 예수님이 설교하십니다.
내가 목회하지 않습니다. 내 안에 계신 예수님이 목회하십니다.
내가 전도하지 않습니다. 내 안에 계신 예수님이 전도하십니다.
내가 사업하지 않습니다. 내 안에 계신 예수님이 사업하십니다.

"기도를 직접 하지 않고 예수님이 하신다고요? 이해가 안 돼요."

그렇습니다. 성경을 보십시오. 로마서 8장 26절에 "이와 같이 성령도 우리의 연약함을 도우시나니 우리는 마땅히 기도할 바를 알지 못하나 오직 성령이 말할 수 없는 탄식으로 우리를 위하여 '친히' 간구하시느니라"고 했습니다. 내 힘으로 내가 기도하는 것이 아닙니다. 내 안에 계신 성령님은 예수의 영이시며, 그분이 내 안에서 나를 통해 영으로 기도하시는 것입니다. 그래서 나는 기도 시간이 지친 몸과 마음이 쉬는 시간, 회복되는 시간, 즐거운 시간입니다.

내 안에 계신 예수님은 구원자일 뿐만 아니라 기도자요 찬송자요 설교자요 목회자요 예배인도자요 사업가요 전도자이십니다. 나는 그분이 임재하셔서 일하시는 것을 지켜보며 참여할 뿐입니다.

나는 예배 인도자가 아니며 예배 참석자입니다. 사람이 예배를 인도하는 것이 아니라 예수님이 친히 예배를 인도하십니다. 예수님은 우리 교회에 출석하시며 그래서 나도 출석합니다. 예수님이 기도하시기 때문에 나도 함께 골방과 예배당에 앉아 기도합니다.

나는 그분께 내 인생과 사역과 미래에 대해 모두 양도했습니다. 한 번 양도했으면 끝난 것이며, 영원히 양도한 것입니다. 그것을 다시 가져올 수 없습니다. 어떤 문제를 그분께 아침에 양도하고 저녁에 가져오고 다음날 아침에 또 양도하는 것이 아닙니다. 양도했으면 더 이상 내 것이 아닙니다. 나는 완전히 항복한 사람이며, 그로 인해 자유와 기쁨, 행복과 즐거움을 누립니다. 이제 모든 것의 주인은 예수님이십니다. 나는 그분이 일하시는 것을 지켜봅니다.

히브리서 7장 25절에 "그러므로 자기를 힘입어 하나님께 나아가는 자들을 온전히 구원하실 수 있으니 이는 그가 항상 살아서 저희를 위하여 간구하심이니라"고 했습니다. 이 말씀을 읽으면서 대부분의 사람들은 예수님이 천국에서 나를 위해 무릎 꿇고 기도하고 있다고 생각합니다. 하지만 예수님은 일을 다 끝내고 보좌 우편에 앉아 쉬고 계시는 분입니다. 물론 천국에서도 아버지 옆에 앉아 그분과 대화하며 기도하시겠지만 그렇게 천국에서만 기도하시는 분이 아닙니다. 예수님은 지금 내 안에 영으로 오셔서 항상 살고 계시며, 나의 온전한 구원 곧 '전인 구원'을 위해 항상 기도하시는 분입니다. 기도자 예수님과 함께 기도합시다. 어떻게 기도한다고요?

생수의 강 같이 흐르는 성령님의 기름 부으심을 따라 기도하면 됩니다. 지금 당신 안에 생수의 강이 철철 넘쳐흐르고 있습니다.

생수의 강을 따라 더 많이 기도합시다.

2023년 5월 25일
잠실에서 김열방 목사

[목차]

기도의 능력을 믿으라

나는 기도의 영 안에서 산다

당신은 하루에 몇 시간 기도합니까?

나는 하루에 5~12시간 정도 기도합니다. 그리고 종일 기도의 영이신 성령님께 사로잡혀 기도의 줄을 유지하는 상태에서 삽니다.

영국 브리스톨 고아원 원장이었던 조지 뮐러(George Müller)는 말했습니다. "나는 기도의 영 안에 산다. 걸어 다닐 때, 누울 때, 일어날 때, 항상 기도한다. 그리고 응답은 언제나 오고 있다."

사도 바울은 "쉬지 말고 기도하라"(살전 5:17)고 했습니다.

우리는 모든 기도와 간구를 하되, 항상 성령 안에서 기도해야 합니다. 기도는 한 가지만 있는 것이 아니라 정시기도, 무시기도, 밑음의 기도, 부르짖는 기도, 비는 기도, 명령 기도, 중보기도, 대화식 기도, 호흡기도, 침묵 기도, 듣는 기도 등 여러 종류가 있습니다.

그 중에서 "항상 성령 안에서 기도하라"는 것은 영으로 기도하는 것 곧 방언으로 기도하는 것을 의미합니다. 영으로 깨어 구하기를 항상 힘써야 합니다. 모든 기도와 간구를 해야 합니다. "모든 기도와 간구를 하되 항상 성령 안에서 기도하고 이를 위하여 깨어 구하기를 항상 힘쓰며 여러 성도를 위하여 구하라."(엡 6:18)

나는 기도하면서 모든 일을 한다

나는 기도하면서 모든 일을 합니다.

기도를 통해 하나님 아버지의 보좌 앞에 나아가게 되고, 예수님을 더욱 사랑하게 되고, 성령님과 친밀한 교제를 나누게 됩니다.

기도를 통해 성령님의 임재와 기름 부으심을 가져오게 됩니다.

내 인생은 기도입니다. 나는 기도로 모든 일을 시작하고, 기도하며 일하고, 기도로 일을 끝냅니다. 기도하면 없는 길과 재능과 재정과 일꾼과 지혜와 방법이 생깁니다. 기도하면 기적이 일어납니다.

기도하면 닫힌 문이 열리고 모든 것이 해결됩니다. 기도할 때 성령님이 일하십니다. 그러면 모든 일이 쉬워집니다. 나는 "모든 일이 쉽다"고 말하며 그 믿음으로 일합니다. 당신은 무엇이 어렵습니까?

내 힘으로 하려고 하니까 어려운 것입니다. 성령의 힘으로 하면 모든 것이 쉽습니다. 세상에 어려운 일은 하나도 없습니다.

나는 생수의 강을 따라 기도한다

당신은 오래 기도하는 방법을 아십니까?

나는 오래 기도하는 것이 쉽습니다. 생수의 강을 따라 기도하기 때문입니다. 나는 오래 설교하는 것이 쉽습니다. 생수의 강을 따라 설교하기 때문입니다. 나는 오래 찬송하는 것이 쉽습니다. 생수의 강을 따라 찬송하기 때문입니다. 나는 오래 목회하는 것이 쉽습니다. 생수의 강을 따라 목회하기 때문입니다.

나는 오래 독서하는 것이 쉽습니다. 생수의 강을 따라 독서하기 때문입니다. 나는 오래 저술하는 것이 쉽습니다. 생수의 강을 따라 저술하기 때문입니다. 지금도 나는 생수의 강을 따라 책을 쓰고 있습니다. 그래서 하루에 30쪽, 50쪽의 분량을 쉽게 씁니다.

생수의 강을 따라 기도하고 찬송하고 전도하고 예배하십시오.

나는 생수의 강을 따라 기도하기 때문에 기도가 고행이 아닌 축제이며, 기도 시간 내내 내 영과 혀와 손이 춤을 춥니다.

나는 기도하는 시간이 무척 설레고 즐겁고 행복합니다.

문제가 생기면 기도로 해결하라

당신에게 어떤 문제가 있습니까? 기도로 해결하십시오.

성경에 나오는 아브라함, 이삭, 야곱, 요셉, 모세, 다윗, 솔로몬, 욥, 요나, 히스기야 등을 보십시오. 그들은 기도 외에 다른 것으로 문제를 해결하지 않았습니다. 아브라함은 소돔과 고모라의 멸망과 롯의 구원을 앞두고 기도했습니다. 이삭은 40세에 결혼하고 20년이 지났지만 아기가 없었는데 기도 응답을 통해 쌍둥이를 얻었습니다. 야곱은 얍복 강가에서 기도로 천사와 씨름하고 새 이름과 문제 해결을 동시에 받았습니다. 요셉은 기도를 통해 성령님과 친밀한 교제를 나누며 평생 하나님의 은혜가 넘치는 삶을 살았습니다.

모세는 애굽의 왕궁에서 40년간 기도하지 않았고 또 그곳에서 도주하여 미디안 땅에 이르러 장인 이드로의 양을 치는 40년간 기도하지 않았습니다. 하지만 80세에 하나님을 만난 후로는 하나부터 열까지 모든 것을 기도로만 해결했습니다. 모세는 문제가 생길 때마다 엎드려 부르짖었고 하나님은 즉시 응답하셨습니다.

모세의 사역은 기도로 시작해서 기도로 끝났습니다.

"모세가 바로를 떠나 나와서 여호와께 간구하니, 여호와께서 모세의 말대로 하시니 그 파리 떼가 바로와 그의 신하와 그의 백성에게서 떠나니 하나도 남지 아니하였더라."(출 8:30~31)

"모세가 여호와께 부르짖었더니, 여호와께서 그에게 한 나무를 가리키시니 그가 물에 던지니 물이 달게 되었더라."(출 15:25)

"모세가 여호와께 기도하니, 불이 꺼졌더라."(민 11:2)

모세는 애굽의 왕궁에서 배운 학문과 무술과 언변으로 해결하지 않았습니다. 그는 문제가 생길 때마다 엎드려 부르짖었습니다.

우리가 겪는 인생의 수많은 문제들도 자신의 경험과 이론과 사상으로 해결되지 않습니다. 자신이 가진 돈, 명예, 권세, 건물, 학벌, 숫자, 혈통과 육정과 사람의 뜻으로 해결되지 않습니다.

오직 기도로 해결됩니다. 기도의 힘을 인정하고 믿으십시오.

사람은 평생 자신이 피와 땀과 눈물을 흘리며 쌓은 것보다 기도 응답을 통해 하나님께 은혜로 받은 복이 더 많고 귀하다는 것을 알아야 합니다. "우리가 그에게 기도한들 무슨 소용이 있으랴?"라고 말하지 마십시오. 성령님이 많이 슬퍼하십니다. "우리가 그에게 기도한들 무슨 소용이 있으랴 하는구나."(욥 21:14~15)

하나님이 우리에게 주신 가장 큰 능력은 '기도의 능력'입니다.

우리 모두 더 많이 기도합시다. 많은 문제가 기도하지 않기 때문에 생기며, 다시 하나님 앞에 엎드려 기도하면 하나씩 해결됩니다.

나는 평생 기도하기로 하나님께 헌신했다

당신은 언제 하나님께 기도하기로 헌신했습니까?

우리는 하루나 한 달이 아닌 평생 기도하기로 헌신해야 합니다.

이 땅에서 생명이 붙어 있는 날 동안은 쉬지 말고 기도해야 합니다. 나이가 90세든 100세든 기도해야 합니다. 목사님도 기도하고 장로님도 기도하고 권사님도 기도해야 합니다. 오늘 예수를 처음 구주로 믿고 거듭난 사람도 기도해야 합니다. 나는 20세에 성령을 체험하고 그때부터 매일 하루에 몇 시간씩 기도하기 시작했습니다. 그러자 성령의 임재하심과 기름 부으심이 끊이지 않고 나타났습니다. 내가 안수하며 기도해 준 사람마다 성령이 임했고 방언을 받았고 그 중에 많은 사람에게서 귀신이 쫓겨 나가고 병이 나았습니다.

부모님은 내가 그렇게 기도하는 것을 보고 놀랐습니다. 20세인 내가 성령을 체험한 순간부터 기도의 영에 사로잡혀 매일 골방에 앉아 온 몸을 땀으로 흠뻑 적시며 몇 시간씩 기도했기 때문입니다.

당신도 기도하면 성령의 나타남이 있게 됩니다. 기도하지 않으면 아무 일도 일어나지 않습니다. "기도한다"고 할 때 5분, 10분 하는 것을 말하는 것이 아닙니다. 최소한 하루에 1~3시간 이상 하는 것을 말합니다. 그때 나는 매일 1~10시간 정도 기도했습니다.

예수님은 베드로에게 깨어 기도하라고 말씀하셨습니다. "너희가 나와 함께 한 시 동안도 이렇게 깨어 있을 수 없더냐?"(마 26:40)

이것은 실제로 한 시간을 말합니다. 예수님이 이 말씀을 하신 후에 다시 올라가 기도하셨는데, 세 번을 간절히 기도하셨습니다. 그러므로 예수님이 겟세마네 동산에서 3시간 정도 기도하셨다고 해석해도 무방합니다. 예수님은 한 번 기도하시면 3시간 정도 기도하셨고, 그것도 매일 습관적으로 기도하셨습니다. 사실 그 이상입니다.

누가복음 6장 12절에 "이 때에 예수께서 기도하시러 산으로 가사, 밤이 새도록 하나님께 기도하시고"라고 했습니다. 예수님은 기도하러 산으로 가셨고 밤이 새도록 하나님께 기도하셨습니다.

예수님은 새벽 미명에 기도하셨고, 한적한 곳에 가서 기도하셨고, 높은 산에 올라가 기도하셨습니다. 짧게 5분, 10분, 한 시간 정도 기도하기 위해 그렇게 한적한 곳, 높은 산에 가신 것이 아닙니다.

그분은 정한 기도처에서 습관을 따라 오래 기도하기 위해 마음에 굳게 작정하고 무리를 떠나 홀로 산으로 올라가신 것입니다.

"무리를 작별하신 후에, 기도하러, 산으로 가시니라."(마 6:46)

잠을 푹 자고 최상의 컨디션으로 기도하라

당신은 혹시 피곤한 몸, 지친 몸으로 기도하지 않습니까?

나는 최상의 컨디션으로 기도합니다. 보통 하루에 5시간에서 10시간 정도 기도하는데, 만왕의 왕이신 하나님의 보좌에 나가 기도하는 것이므로 맑은 정신, 최상의 몸 상태로 기도합니다.

아무리 오래 기도하고 싶어도 일단 내 몸이 피곤하거나 아프면 행복한 마음으로 오래 기도하는 것이 힘듭니다. 나는 최상의 컨디션으로 오래 기도하기 위해 일단 잠자는 시간을 먼저 챙기고 푹 잡니다. 그래서 저녁 식사 후에 좀 쉬었다가 이내 침대에 들어가서 잠을 청합니다. 눈이 피곤하면 기도하기 어렵습니다. 잠이 부족하면 기도하는 내내 몸과 마음이 고달프게 느껴집니다. "다시 오사 보신즉, 그들이 자니, 이는 그들의 눈이 피곤함일러라."(마 26:43)

하루는 내가 주님께 기도에 헌신하겠다고 말했습니다.

"주님, 제 평생에 기도하겠습니다. 더 많이 기도하겠습니다."

그러자 주님께서 "그래, 잘 생각했다. 오늘부터 매일 철야하고 금식해라"고 하실 줄 알았는데, 이상한 말씀을 하셨습니다.

"그래, 잘 생각했다. 내가 너의 그 헌신을 받겠다. 하지만 잠은 하루에 8시간씩 푹 자라. 그리고 맑은 정신과 최상의 컨디션으로 기도해라. 그래야 건강한 몸으로 오랫동안 기도하며 사역할 수 있다."

깜짝 놀랐습니다. 얼마 전, 토요일 오전에 몇 시간 기도하고 오후에도 몇 시간 기도하고 또 저녁에도 교회에 가서 밤새며 기도했습니다. 그런데도 전혀 피곤하지 않았습니다. 그리고 주일 예배를 인도했는데, 성령님께서 강하게 임하시며 사람들을 만지셨습니다.

그래서 나는 흥분된 마음으로 이렇게 생각했습니다.

'이제 토요일마다 밤새워 기도해야겠다. 그리고 주중에도 자주 교회에 와서 밤새워 기도해야지. 기도하는 시간이 참 즐겁구나.'

보통 때는 잠을 한두 시간 부족하게 자면 다음날 하루 종일 정신이 혼미하고 몸이 노곤한데, 기도하면서 밤을 새운 날은 그렇지 않았고 기분도 상쾌하고 몸도 거뜬했던 것입니다. 그런데 입술 주변은 쌓인 피로와 함께 마구 헐고 터지기 시작했습니다.

'그래도 괜찮아. 이 정도는 아무것도 아니야. 난 기도가 즐거워.'

주님께서 그렇게 하지 말라고 말씀하셨습니다.

"그렇게 하지 마라. 그런 작은 피로가 매일 누적되면 네 몸에 병이 생긴다. 네 몸은 하나님의 성령이 거하는 성전이다. 네 몸은 네 것이 아니라 예수 그리스도의 피로 값 주고 산 것이다. 그러므로 잠을 푹 자고 깨끗한 음식을 잘 챙겨 먹어야 한다. 기도가 좋다고, 밤낮 기도에 힘쓴다고 잠을 안자면 몸이 망가진다. 내가 특별히 지시할 때만 밤새며 기도하고 그 외에는 낮에 종일 기도하라."

나는 놀랐고 또 감사했습니다. 주님께서 내 몸을 이렇게까지 생각하시는지 몰랐습니다. 그래서 지금은 다시 평소대로 밤에 8시간씩 잠을 챙겨 잡니다. 지금까지 내가 남달리 많은 일을 하고 100권의 책을 써낼 수 있었던 비결은 충분한 수면 때문이었습니다.

나는 하루에 8시간 자고, 8시간 기도하고, 8시간 일하기로 뜻을 정했습니다. 어쨌든 하루에 5~12시간 정도 꾸준히 기도합니다. 물론 나는 보통 사람처럼 여유롭게 식사도 하고 산책도 하고 책도 씁니다. 그리고 하루 종일 기도의 영에 사로 잡혀 모든 일을 합니다.

나는 항상 성령 안에서, 성령과 함께, 성령으로 기도합니다.

나는 기도하면서 산책하고, 기도하면서 책을 읽고, 기도하면서 책을 씁니다. 기도하면서 초고를 쓰고, 기도하면서 윤문하고, 기도하면서 퇴고합니다. 기도하면서 첨삭하고, 기도하면서 오타를 확인합니다. 기도하면서 차를 마시고 기도하면서 성경도 읽습니다. 기도하면서 설거지하고, 기도하면서 청소합니다. 기도하면서 샤워하고, 기도하면서 차를 닦고, 기도하면서 운전하고, 기도하면서 사람들을 만납니다. 기도는 내 삶의 전부입니다. 내게는 기도가 주된 일입니다. 쉬지 않고 기도하는 중에 다른 일을 하는 것입니다. 그것도 기도하면서 성령님과 함께 일합니다. 그래서 일이 쉽고 재미있고 저절로 잘됩니다. 초자연적인 성령의 기름 부으심이 계속 흐르기 때문입니다. 초대교회 사도들은 이렇게 결단했습니다.

"우리는 오로지 기도하는 일과 말씀 사역에 힘쓰리라."(행 6:4)

기도할 때 성령의 권능이 나타납니다. 나는 지금 이 책도 방언으로 기도하면서 쓰고 있습니다. 그래서 끝도 없이 줄줄 나옵니다. 기도할 때 성령님의 기름 부으심이 나타나고 모든 일이 쉬워집니다.

당신도 만사를 제쳐 두고 먼저 기도하기 시작하십시오.

가장 중대한 일은 기도하는 일이다

당신의 직업은 무엇입니까? 대기업에 다닌다고요?

그러면 종일 그 회사에서 맡긴 일을 하는데 힘쓸 것입니다.

주의 종이 힘써야 할 일은 '기도하는 일'입니다. 그것도 시간당 얼마를 받는 알바처럼 하루에 몇 시간 기도하는 것이 아니라 하루 종일 일하는 대기업 회장처럼 하루 종일 기도하는 것입니다.

대기업 회장들은 회사에서도 일하고 집에서도 일합니다. 골프장에서도 일합니다. 그들은 온통 일에 대한 생각으로 가득 차 있습니다. 그래서 수십만 명의 직원이 몸담고 있는 기업이 돌아가는 것입니다. 주의 종은 온통 주님에 대한 생각으로 가득 차 있어야 합니다.

그 방법은 오로지 기도하는 일에 힘쓰는 것뿐입니다. 주의 종들은 눈 뜨면서부터 잠잘 때까지 기도하는 일에 힘써야 합니다.

주의 종들이 그렇게 하루 종일 기도하면서 성경을 읽고 묵상하면 어떤 일이 일어날까요? 성경이 단순히 지성으로 대하는 두꺼운 책이 아니라 영으로 대하는 하나님의 말씀으로 생생하게 다가오며 그 모든 내용이 액면 그대로 믿어집니다. 성경 말씀이 한 줄 한 줄 선명하게 보이고 영적인 깨달음이 폭발적으로 주어집니다. 성경에 나오는 많은 표적과 기사가 일상이 됩니다. 그게 정상입니다.

"사도들의 손을 통하여 민간에 표적과 기사가 많이 일어나매 믿는 사람이 다 마음을 같이하여 솔로몬 행각에 모이고 그 나머지는 감히 그들과 상종하는 사람이 없으나 백성이 칭송하더라. 믿고 주께로 나아오는 자가 더 많으니 남녀의 큰 무리더라. 심지어 병든 사람을 메고 거리에 나가 침대와 요 위에 누이고 베드로가 지날 때에 혹 그의 그림자라도 누구에게 덮일까 바라고 예루살렘 부근의 수많은 사람들도 모여 병든 사람과 더러운 귀신에게 괴로움 받는 사람

을 데리고 와서 다 나음을 얻으니라."(행 5:12~16)

"병든 사람과 더러운 귀신에게 괴로움 받는 사람을 데리고 와서 다 나음을 얻었다"고 했는데, 이것이 그들의 일상이었습니다.

한두 명이 아닙니다. 다 나음을 얻었습니다. 심지어 베드로가 지날 때에 그림자만 덮여도 병자가 나았고 귀신이 떠나갔습니다.

우리도 베드로처럼 오래 기도해야 합니다. 베드로는 밤낮 사람들을 만나러 돌아다니지 않았습니다. 기도 시간이 정해져 있었고 그 시간에 기도하러 성전에 올라갔습니다. "주의 종은 매일 한두 시간 기도하는 것이 기본이 아닌가요?" 베드로는 그 정도 기도하러 간 것이 아닙니다. 몇 시간 또는 한나절을 기도하러 간 것입니다.

베드로는 습관을 좇아 오래 기도하러 감람산에 가신 예수님처럼 습관을 좇아 오래 기도하러 성전에 올라갔습니다. 기도하지 않으면 권능이 나타나지 않습니다. 권능이 나타나지 않으면 경건의 모양만 가진 껍데기가 됩니다. 그런 사람에게서 돌아서야 합니다.

"경건의 모양은 있으나 경건의 능력은 부인하니 이같은 자들에게서 네가 돌아서라."(딤후 3:5)

나는 더 많이 기도하기를 원한다

오래 기도하기 위해서 어떤 마음을 가져야 할까요?

심령이 가난한 거지, 애통하는 거지, 의에 주리고 목마른 거지가 되어야 합니다. 예수님이 이 땅에 계실 때 그랬습니다.

마태복음 5장에 나오는 팔복은 주의 종들을 향한 가르침이며, 예수님이 먼저 그렇게 사셨던 내용입니다. 예수님 자신의 30년 사생애가 아닌 3년 공생애의 삶을 명확하게 표현한 것입니다.

"예수께서 무리를 보시고 산에 올라가 앉으시니 제자들이 나아온지라. 입을 열어 가르쳐 이르시되……."(마 5:1~2)

여기에서 등장하는 인물은 예수님, 무리, 제자들입니다. 그리고 장소는 산 아래와 위가 있는데 예수님은 산에 올라가 앉으셨다고 했습니다. 그리고 그분의 가르침을 듣기 위해 제자들이 나아왔습니다. 전체적인 상황이 이해되어야 팔복의 내용도 이해됩니다.

자세히 보면 이 가르침은 산 아래에 있는 무리를 위한 것이 아닌 가까이 나아온 제자들을 위한 것입니다. 기도에 헌신된 제자들로 인해 무리에게 미치게 될 성령님의 임재와 기름 부으심의 영향력을 말씀하신 것입니다. 예수님께서 말씀하셨습니다.

"잘 들어라. 이 말씀은 선지자들 곧 주의 종을 위한 것이다."

심령이 가난한 한 사람 때문에 천국이 그들의 것이 된다

당신은 심령이 가난합니까? 예수님이 말씀하셨습니다.

"심령이 가난한 자는 복이 있나니 천국이 그들의 것임이요"

심령이 가난한 자는 제자들 몇 명이었습니다. 그런데 그들 때문에 천국이 그들 곧 무리의 것이 된다고 했습니다. 왜 그럴까요?

선지자 한 사람이 가난한 심령으로 하나님께 울부짖으며 기도하면 그 응답으로 천국 곧 하나님의 나라가 권능으로 산 아래에 있는 무리에게 임하기 때문입니다. 그들이 깨어지고 변화됩니다.

천국은 무엇일까요? 하나님의 나라가 권능으로 임하는 것입니다.

"또 그들에게 이르시되 내가 진실로 너희에게 이르노니 여기 서 있는 사람 중에는 죽기 전에 하나님의 나라가 권능으로 임하는 것을 볼 자들도 있느니라 하시니라."(막 9:1)

이러한 하나님의 나라가 권능으로 언제 임했습니까?

그 다음 구절에 바로 나옵니다.

"엿새 후에 예수께서 베드로와 야고보와 요한을 데리시고 따로 높은 산에 올라가셨더니 그들 앞에서 변형되사 그 옷이 광채가 나며 세상에서 빨래하는 자가 그렇게 희게 할 수 없을 만큼 매우 희어졌더라. 마침 구름이 와서 그들을 덮으며……."(막 9:2~3, 7)

구름이 와서 덮었다는 것이 곧 하나님의 나라가 임했다는 말입니다. 그리고 9절에 "그들이 산에서 내려올 때에"라고 되어 있습니다.

그렇게 하나님의 나라가 권능으로 임한 결과가 무엇입니까?

더러운 귀신이 쫓겨 나가고 불치의 병이 나았습니다.

"예수께서 무리가 달려와 모이는 것을 보시고 그 더러운 귀신을 꾸짖어 이르시되 '말 못하고 못 듣는 귀신아, 내가 네게 명하노니 그 아이에게서 나오고 다시 들어가지 말라' 하시매 귀신이 소리 지르며 아이로 심히 경련을 일으키게 하고 나가니 그 아이가 죽은 것 같이 되어 많은 사람이 말하기를 '죽었다' 하나 예수께서 그 손을 잡아 일으키시니 이에 일어서니라. 집에 들어가시매 제자들이 조용히 묻자오되 '우리는 어찌하여 능히 그 귀신을 쫓아내지 못하였나이까?' 이르시되 '기도 외에 다른 것으로는 이런 종류가 나갈 수 없느니라' 하시니라."(막 9:25~29)

우리도 예수님처럼 오래 기도해야 합니다.

예수님은 자신의 부족함을 위해, 곧 자신에게 하나님의 나라가 권능으로 임해 달라고 기도하신 것 아닙니다. 우리도 자신을 위해 심령이 가난한 자, 의에 주리고 목마른 자, 애통하는 자가 되어야 하는 것이 아닙니다. 우리는 이런 문제가 다 해결된 사람들입니다.

그렇지 못한 사람들을 위해 울며 기도해야 하는 것입니다.

나는 매일 심령이 가난한 자가 되어 하나님께 구걸하듯이 이 땅에 있는 무리에게 천국을 달라고 구합니다. 주기도문의 내용에 나오는 "나라가 임하소서. 나라가 임하소서. 나라가 임하소서"라고 울부짖으며 간절히 구합니다. 그 결과로 내가 말씀을 전할 때 군중에게 하나님의 나라가 권능으로 임하고 귀신이 정체를 드러내며 쫓겨나가고 병자들이 낫습니다. 예수님도 그렇게 하셨습니다.

예수님이 "아버지의 나라가 권능으로 임하소서. 나라가 임하소서"라고 산 위에서 간절히, 오래 기도했을 때 그분의 모습이 변하셨는데, 겉옷은 어떤 빨래꾼이라도 그렇게 희게 할 수 없을 만큼 새하얗게 빛났습니다. 그분은 기도를 통해 '권능의 흰옷'을 입으신 것입니다. 그리고 산에서 내려와 귀신을 쫓아내며 병을 고치셨습니다.

이것이 바로 한 사람의 간절한 기도를 통해 하나님의 나라가 산 아래의 무리에게 권능으로 임하는 것을 보여주는 장면입니다.

나도 예수님처럼 오래 기도한 후에 무리 앞에 서면 그들에게 하나님의 나라가 권능으로 임하므로 악한 귀신이 정체를 드러내며 쫓겨 나가고 불치의 병이 치유되는 것을 보게 됩니다.

당신도 오늘부터 심령이 가난한 자가 되어 그들에게 천국을 안겨 주지 않겠습니까? 그러려면 산에서 간절히 오래 기도하신 예수님처럼 당신도 간절히 오래 기도해야 합니다. 기도에 헌신하십시오.

"애통하는 자는 복이 있나니 그들이 위로를 받을 것임이요."

애통하는 한 사람을 통해 산 아래 있는 백성들이 하나님의 임재와 위로하심, 치유와 축사, 신유의 기적을 경험하게 됩니다.

나는 며칠 전에 지방의 한 교회에 가서 2시간 동안 가슴을 치며 애통하는 기도를 했습니다. 끝도 없이 눈물 콧물이 흘러내렸습니다. 그 교회 목사님과 사모님, 자녀를 위해 기도하고 또 그 교회 성도들과 부흥을 위해 기도했습니다. 그리고 그 도시의 주의 종들과 교회들을 위해 애통하며 간절히 기도했습니다. 나라와 민족을 위해, 열방의 잃은 영혼들을 위해서도 애통하며 간절히 기도했습니다. 그렇게 기도한 것은 반드시 응답이 오며 하나님은 내가 기도한 대로 성령을 보내시므로 큰 무리의 마음이 상한 백성들을 위로해 주십니다.

당신도 오늘부터 하나님 앞에 엎드려 가슴을 치며 무리를 위해 애통하기 바랍니다. 그러면 당신의 기도를 통해 큰 무리의 백성들에게 하나님의 위로하심이 있을 것입니다. "너희의 하나님이 이르시되 너희는 위로하라 내 백성을 위로하라"(사 40:1)고 했습니다.

"온유한 자는 복이 있나니 그들이 땅을 기업으로 받을 것임이요."

온유한 한 사람을 통해 백성들이 땅을 기업으로 받습니다.

여기서 온유한 사람은 '성령님의 인도하심에 순종하며 예수님을 따르는 사람'을 말합니다. 그 한 사람을 통해 백성들이 땅을 기업으로 받게 되고 복음 전도와 선교의 지경이 넓어지게 됩니다.

예수님은 영적 전쟁에 있어 앞장서는 분이십니다. 그분은 뒤에 가만히 서서 제자들에게 "돌격 앞으로!"라고 명령하지 않으십니다. 그분은 앞서 나가며 원수 마귀를 쳐서 다 이기셨습니다. 그리고 "나를 따르라"고 말씀하셨습니다. 그분이 이미 다 이겨 놓고 제자들에게 "너희는 온 천하에 다니며 만민에게 복음을 전파하라"는 명령에 순종을 요구하신 것입니다. 주님의 명령에 순종하는 사람이 온유한 사람입니다. 그는 주님 앞에서는 온유하여 그 눈에 눈물이 마를 날이 없을 정도이지만 백성들 앞에서는 강인한 지도자의 모습을 보입니다. 강력한 영적인 카리스마로 백성들을 다스리며 섬깁니다.

역사적으로 시대마다 한 사람의 주의 종이 온유한 마음으로 주님의 음성에 순종하여 열방으로 나가 복음을 전했을 때 그를 통해 수백만 명의 잃은 영혼들이 주님께로 돌아오곤 했습니다. 한 사람의 주의 종을 통해 큰 무리가 구원을 받아 그 지역의 땅을 차지했고 천국의 지경이 넓어졌습니다. 산상보훈이 모두 그런 맥락입니다.

"의에 주리고 목마른 자는 복이 있나니 그들이 배부를 것임이요.

긍휼히 여기는 자는 복이 있나니 그들이 긍휼히 여김을 받을 것임이요. 마음이 청결한 자는 복이 있나니 그들이 하나님을 볼 것임이요. 화평하게 하는 자는 복이 있나니 그들이 하나님의 아들이라 일컬음을 받을 것임이요. 의를 위하여 박해를 받은 자는 복이 있나니 천국이 그들의 것임이라."(마 5:6~10)

이 말씀은 선지자들과 같은 예수님의 제자들에게 하신 것입니다. 아래의 글에서 '선지자'란 글자를 유의하며 읽어보십시오.

"나로 말미암아 너희를 욕하고 박해하고 거짓으로 너희를 거슬러 모든 악한 말을 할 때에는 너희에게 복이 있나니 기뻐하고 즐거워하라. 하늘에서 너희의 상이 큼이라. 너희 전에 있던 '선지자들'도 이같이 박해하였느니라. 너희는 세상의 소금이니 소금이 만일 그 맛을 잃으면 무엇으로 짜게 하리요 후에는 아무 쓸 데 없어 다만 밖에 버려져 사람에게 밟힐 뿐이니라. 너희는 세상의 빛이라. 산 위에 있는 동네가 숨겨지지 못할 것이요 사람이 등불을 켜서 말 아래에 두지 아니하고 등경 위에 두나니 이러므로 집 안 모든 사람에게 비치느니라. 이같이 너희 빛이 사람 앞에 비치게 하여 그들로 너희 착한 행실을 보고 하늘에 계신 너희 아버지께 영광을 돌리게 하라. 내가 율법이나 '선지자'를 폐하러 온 줄로 생각하지 말라. 폐하러 온 것이 아니요 완전하게 하려 함이라."(마 5:11~17)

지금 우리는 '천국 복음을 전하는 선지자'가 되었습니다.

구약의 선지자인 엘리야와 엘리사, 이사야, 예레미야, 에스겔, 다니엘 등의 특징은 오래 기도하고 담대히 말씀을 전하는 것이었습니다. 그들은 잠깐 기도한 것이 아니라 종일 기도에 푹 빠졌습니다.

우리도 종일 기도에 푹 빠져야 합니다. 기도하러 갑시다.

예수님처럼 기도에 헌신하라

기도는 어떻게 해야 할까요? 예수님처럼 해야 합니다.

예수님은 '기도의 골방'에 들어가서 오래 기도하셨습니다. 그분의 기도의 골방은 '감람산'이었습니다. 그분은 습관을 따라 감람산에 가셨고 제자들과 함께 갔지만 "그들을 떠나 돌 던질 만큼 가서" 무릎을 꿇고 기도하셨습니다. 그분은 기도의 골방에서 홀로 기도하셨던 것입니다. 나도 그런 방식으로 기도합니다. 다음의 성경 내용을 자세히 읽고 묵상한 후에 당신도 그렇게 실천하십시오.

"예수께서 나가사 '습관을 따라' 감람산에 가시매 제자들도 따라 갔더니 그 곳에 이르러 그들에게 이르시되 유혹에 빠지지 않게 기도하라 하시고 그들을 떠나 '돌 던질 만큼 가서' '무릎을 꿇고' 기도하여 이르시되 아버지여 만일 아버지의 뜻이거든 이 잔을 내게서 옮기시옵소서 그러나 내 원대로 마시옵고 아버지의 원대로 되기를 원하나이다 하시니 천사가 하늘로부터 예수께 나타나 힘을 더하더라. 예수께서 힘쓰고 애써 더욱 간절히 기도하시니 땀이 땅에 떨어지는 핏방울 같이 되더라."(눅 22:39~44)

우리는 기도의 골방에 들어가서 오래 기도해야 합니다.

예수님은 마태복음 6장에 이렇게 말씀하셨습니다. "또 너희는 기도할 때에 외식하는 자와 같이 하지 말라. 그들은 사람에게 보이려고 회당과 큰 거리 어귀에 서서 기도하기를 좋아하느니라. 내가 진실로 너희에게 이르노니 그들은 자기 상을 이미 받았느니라.”

그렇습니다. 기도는 사람에게 보이기 위해서 하는 것이 아닙니다. 어떤 사람은 자신을 위해 중보 기도해 달라며 불쌍한 표정을 짓고 자신의 어려운 형편을 자세히 말하며 궁상떠는 모습을 의도적으로 표현합니다. 그는 하나님께 기도하는 것이 아니라 사람에게 도움을 구한 것입니다. 그런 사람에게 하나님의 응답은 없습니다.

사람의 도움을 받기 위해 여기저기 돌아다니지 마십시오.

골방에 들어가 은밀한 중에 계신 아버지께 기도하십시오.

당신은 어떻게 기도하기를 좋아합니까? “그들은 사람에게 보이려고 회당과 큰 거리 어귀에 서서 기도하기를 좋아하느니라”고 했습니다. 나는 사람에게 보이려고 장황하게 기도하지 않고 하나님께 보이려고 은밀하게 기도합니다. 그분이 듣고 응답하십니다.

기도는 무엇이며, 어떻게 해야 할까요?

기도는 눈에 보이는 사람을 의지하는 것이 아니라 눈에 보이지 않는 하나님만 의지하는 것입니다. 하나님이 당신의 도움이십니다.

“귀인들을 의지하지 말며 도울 힘이 없는 인생도 의지하지 말지니 그의 호흡이 끊어지면 흙으로 돌아가서 그 날에 그의 생각이 소멸하리로다. 야곱의 하나님을 자기의 도움으로 삼으며 여호와 자기 하나님에게 자기의 소망을 두는 자는 복이 있도다.”(시 146:3~5)

기도할 때에 골방에 들어가 문을 닫고 은밀한 중에 계신 아버지 하나님께 기도해야 합니다. 그러면 은밀한 중에 보시는 아버지 하나님께서 반드시 갚으실 것입니다. “너는 기도할 때에 네 골방에 들어가 문을 닫고 은밀한 중에 계신 네 아버지께 기도하라. 은밀한 중에 보시는 네 아버지께서 갚으시리라. 또 기도할 때에 이방인과 같이 중언부언하지 말라. 그들은 말을 많이 하여야 들으실 줄 생각하느니라. 그러므로 그들을 본받지 말라. 구하기 전에 너희에게 있어야 할 것을 하나님 너희 아버지께서 아시느니라."(마 6:6~8)

우리 아버지 하나님은 바보나 멍청이, 맹인이 아닙니다. 그분은 모든 지각에 뛰어나신 분입니다. 그분은 은밀한 중에 계시지만 우리의 모든 것을 다 보고 계십니다. 그분은 모든 지식과 감각이 우리보다 억만 배나 뛰어나십니다. 기도하십시오. "아무것도 염려하지 말고 다만 모든 일에 기도와 간구로, 너희 구할 것을 감사함으로 하나님께 아뢰라. 그리하면 모든 지각에 뛰어난 하나님의 평강이 그리스도 예수 안에서 너희 마음과 생각을 지키시리라."(빌 4:6~7)

아무것도 염려하지 마십시오. "아무것도 염려하지 말라"는 말은 '아무 일에도 조바심을 갖지 말라'는 의미입니다. 조바심을 갖는 대신 기도와 간구로 하나님께 아뢰십시오. 그것도 원망과 불평이 아닌 "시간과 공간을 초월해서 성령 안에서 이미 다 받았다"는 믿음으로 감사함으로 하나님께 모든 것을 구체적으로 아뢰십시오.

그러면 모든 지식과 감각에 뛰어난 하나님의 초자연적인 평강이 그리스도 예수 안에서 당신의 마음과 생각을 지키실 것입니다. 그분은 일초도 늦지 않고 정확하게 꼭 필요한 것을 넘치게 응답하시는 분입니다. 그분의 초자연적인 공급하심을 믿고 기대하십시오.

이처럼 일상에서 필요한 모든 것은 한 번 기도하고 구한 후에 받았다고 믿고 감사하는 마음으로 기다리면 됩니다. 그 모든 것은 하나님의 '더하시는 은혜'에 불과합니다. 그런 일상의 필요를 구하는 것이 기도의 전부가 아닙니다. 좀 더 큰 것을 구해야 합니다.

무엇을 구해야 할까요? 예수님이 구하신 것을 구해야 합니다. 그것은 바로 '주기도문'이며, 나는 매일 이것을 중심으로 아버지께 간구합니다. "그러므로 너희는 이렇게 기도하라"고 했습니다.

예수님은 자신이 3년 동안 매일 간구했던 내용을 제자들에게 가르치셨습니다. 이 기도의 내용은 자신을 위한 것이 아닌 '우리'를 위한 것입니다. 예수님은 죄가 없는 하나님의 아들이신데 '우리의 죄'를 위해 간구하셨습니다. 여기에 우리의 이름을 넣으십시오.

"하늘에 계신 우리 아버지여, 이름이 거룩히 여김을 받으시오며 나라가 임하시오며 뜻이 하늘에서 이루어진 것 같이 땅에서도 이루어지이다. 오늘 우리에게 일용할 양식을 주시옵고 우리가 우리에게 죄 지은 자를 사하여 준 것 같이 우리 죄를 사하여 주시옵고 우리를 시험에 들게 하지 마시옵고 다만 악에서 구하시옵소서. 나라와 권세와 영광이 아버지께 영원히 있사옵나이다. 아멘."

위의 주기도문의 내용에 가족 이름, 가정과 가문, 교회와 기업 이름, 동네와 도시 이름, 나라 이름을 넣어 기도하면 됩니다.

"하늘에 계신 우리 아버지여, (우리 가정과 사역을 통해) 아버지의 이름이 거룩히 여김을 받으소서. (우리 가정과 사역에) 아버지의 나라가 권능으로 임하소서. (우리 가정과 사역을 향한) 아버지의 뜻이 하늘에서 이루어진 것 같이 땅에서도 이루어지기를 원합니다."

"모든 일에 기도와 간구로 너희 구할 것을 감사함으로 하나님께 아뢰라"고 했는데 여기서 "모든 일을 기도로 아뢰라"는 말씀은 '우리 교회가 가진 구체적인 꿈과 소원 곧 비전'을 의미합니다.

우리를 향한 아버지의 뜻은 이미 하늘에서 다 이뤄졌습니다.

"그것이 이미 다 이뤄졌다면 왜 기도해야 하나요?"

하나님은 오직 우리의 기도를 통해서만 일하기로 작정하셨기 때문입니다. "나 여호와가 말하였으니 이루리라. 주 여호와께서 이같이 말씀하셨느니라. 그래도 이스라엘 족속이 이같이 자기들에게 이루어 주기를 내게 구하여야 할지라."(겔 36:37)

하나님께 예언을 받았으면 부르짖어 기도하십시오.

부르짖지 않으면 예언이 이뤄지는 때가 자꾸 늦춰집니다.

이스라엘 백성들이 그랬습니다. 하나님은 아브라함에게 "네 자손이 이방에서 객이 되어 그들을 섬기겠고 그들은 400년 동안 네 자손을 괴롭히리니, 그들이 섬기는 나라를 내가 징벌할지며 그 후에 네 자손이 큰 재물을 이끌고 나오리라"(창 15:13~14)고 했지만 그들은 400년이 지나도록 기도하지 않았기 때문에 30년이나 더 연기되었습니다. 부르짖어 기도하자 430년이 끝나는 그 날에 하나님이 듣고 응답하시므로 모세를 통한 구원이 시작되었습니다. "이스라엘 자손이 애굽에 거주한 지 사백삼십 년이라. 사백삼십 년이 끝나는 그 날에 여호와의 군대가 다 애굽 땅에서 나왔은즉."(출 12:40)

하나님께 꿈과 예언, 환상을 받았습니까? 그렇다면 부르짖어 기도해야 합니다. 부르짖으면 응답되어 꿈과 예언, 환상이 성취되지만 부르짖지 않으면 그것들이 무제한으로 연기됩니다. 하나님은 그분이 약속하신 것을 행하시는데 있어 '기도'로 제한을 두셨습니다.

"일을 행하시는 여호와, 그것을 만들며 성취하시는 여호와, 그의 이름을 여호와라 하는 이가 이와 같이 이르시도다. 너는 내게 부르짖으라. 내가 네게 응답하겠고 네가 알지 못하는 크고 은밀한 일을 네게 보이리라."(렘 33:2~3)

이스라엘 백성들은 400년 동안 부르짖지 않다가 노역이 극에 달할 정도로 심해지자 그때부터 부르짖기 시작했습니다. 단순히 그들이 고된 노동을 한다고 불쌍히 여겨 하나님이 그들을 구원하신 것이 아닙니다. 그들이 부르짖으니 기도 응답으로 구원하셨습니다.

"여러 해 후에 애굽 왕은 죽었고 이스라엘 자손은 고된 노동으로 말미암아 탄식하며 '부르짖으니' 그 고된 노동으로 말미암아 '부르짖는 소리'가 하나님께 상달된지라. 하나님이 그들의 고통 소리를 들으시고 하나님이 아브라함과 이삭과 야곱에게 세운 그의 언약을 기억하사 하나님이 이스라엘 자손을 돌보셨고 하나님이 그들을 기억하셨더라."(출 2:23~25)

"여호와께서 이르시되 내가 애굽에 있는 내 백성의 고통을 분명히 보고 그들이 그들의 감독자로 말미암아 '부르짖음을 듣고' 그 근심을 알고 내가 내려가서 그들을 애굽인의 손에서 건져내고 그들을 그 땅에서 인도하여 아름답고 광대한 땅, 젖과 꿀이 흐르는 땅 곧 가나안 족속, 헷 족속, 아모리 족속, 브리스 족속, 히위 족속, 여부스 족속의 지방에 데려가려 하노라. 이제 가라. 이스라엘 자손의 '부르짖음이 내게 달하고' 애굽 사람이 그들을 괴롭히는 학대도 내가 보았으니 이제 내가 너를 바로에게 보내어 너에게 내 백성 이스라엘 자손을 애굽에서 인도하여 내게 하리라."(출 3:7~10)

당신에게도 하나님께 받은 언약이 있습니까?

"하나님이 약속하셨으니 때가 되면 언젠가는 이뤄질 거야"라며 가만히 앉아 있거나 누워 잠만 자지 말고 일어나 하나님께 부르짖기 시작하십시오. "선장이 그에게 가서 이르되, 자는 자여 어찌함이냐 일어나서 네 하나님께 구하라."(욘 1:6)

오히려 세상 사람들은 기도의 힘을 믿는데, 하나님의 종과 백성들이 기도의 능력을 믿지 않고 온갖 인간적인 방법과 도구, 프로그램과 수단, 혈통과 육정과 사람의 뜻을 의지하는 것을 보게 됩니다.

기도하지 않는 하나님의 종과 백성들은 하루가 멀다 하고 낙망하고 좌절하고 염려하고 깊은 근심에 빠집니다.

하나님은 기도를 통해서만 일하십니다. 기도는 하나님이 인간에게 주신 가장 큰 힘이요 도구입니다. 기도하지 않으면 아무 일도 안 일어납니다. 기도하면 하나님이 일하기 시작하십니다.

나는 기도가 무엇이냐고 묻는 사람들에게 이렇게 대답합니다.

"기도는 하나님의 가슴을 두드리는 것이다."

당신도 하나님의 가슴을 두드리십시오. 예수님은 아버지 하나님과 동업하셨고 기도로 그분의 가슴을 두드리셨습니다.

"무리를 작별하신 후에 기도하러 산으로 가시니라."(막 6:46)

당신도 무리와 그만 어울리고 지금 기도하러 가십시오.

기도하는 일이 가장 중대한 일입니다.

한 시간 기도는 10억보다 귀합니다.

더 많이 기도합시다.

기도하면 초자연적인 지혜를 주신다

당신은 기억력이 얼마나 좋습니까?

나는 기억력이 날마다 좋아지고 있습니다. 기억력이 좋으면 이것 저것 많은 것을 기억하니 엄청 좋을 거라고 생각하겠지만 꼭 필요한 것만 기억해야지 모든 것을 기억하면 오히려 해롭습니다.

기도하면 성령님은 기억력, 집중력, 이해력, 창의력, 몰입력, 거래력, 협상력, 결단력, 저술력, 강연력, 수면력, 배가력, 포용력, 통치력, 행정력, 조직력 등 수백 가지의 능력을 나타내 주십니다.

당신에게는 무엇이 필요합니까? 구하면 다 주십니다.

기도하면 초능력을 주신다

기도하면 성령님이 초능력을 나타내 주십니다.

나는 자연적인 능력이 아닌 성령님이 주신 은사 곧 초능력으로 책을 쓰고 기도하고 설교하고 안수합니다. 이러한 초능력은 꼭 필요한 곳에만 사용해야 합니다. 한 청년이 내게 말했습니다.

"김열방 목사님, 저에게 모든 것을 한번만 보면 다 기억하는 초능력이 있으면 좋겠어요. 그러면 저는 세계적인 인물이 될 거예요."

나는 미소를 지으며 그 청년에게 대답했습니다.

"아니야, 그건 축복이 아닌 저주야. 만약 그렇게 되면 네 머리는 쓰레기통이 될 거야. 사람은 꼭 필요한 것만 알고 기억해야 마음이 행복해져. 기억하지 말아야 할 것과 빨리 잊어야 할 것이 있어. 경험만 아니라 지식도 그래. 많은 지식은 머리만 아프게 해."

당신이 모든 것을 기억하게 된다면 과연 그것을 감당할 수 있을까요? 자신에게 꼭 필요한 것을 구분해서 기억하는 것이 좋습니다. 잡다한 지식은 사람을 교만하게 하지만 지혜는 성공하게 합니다.

지식보다 지혜를 소중하게 여기십시오. 그리고 순간마다 성령님께 도움을 구하며 꼭 필요한 것만 잘 구분해서 기억하기 바랍니다.

나는 십대에 기억력을 증가시키기 위해 '기억법 학원'에 등록한 적이 있습니다. 책을 한번만 보면 다 외워지는 방법을 가르치는 곳이었는데 그곳은 '속독법'까지 가르쳤습니다. 나는 기억법과 속독법, 속기까지 배웠습니다. 남보다 빨리 책을 읽고 빨리 기억하고 빨리 기록하는 것이 성공의 지름길인 줄로 생각했기 때문입니다. 그렇게 해서 수천 권의 책을 읽고 단번에 수백 개의 단어와 숫자를 암기하고 다른 사람이 강연하는 것을 한 마디도 놓치지 않고 속기로 받아 적곤 했습니다. 과연 내가 그것을 통해 크게 성공했을까요?

아닙니다. 생활에 조금 도움이 되었을 뿐입니다. 물론 기억법은 이미지를 활용하기 때문에 상상력을 키우는 데는 도움이 되었습니다. 세월이 지난 지금은 내 생각이 많이 달라졌습니다.

"빨리 읽기보다는 천천히 읽으며 많은 깨달음을 얻는다."
"빨리 암기하기보다는 천천히 입술로 중얼거리며 암기한다."
"빨리 기록하기보다는 천천히 핵심 내용만 메모한다."

무엇이든 빨리, 많이, 다 암기해야 하는 것이 아닙니다.

꼭 필요한 것만, 천천히, 내 것으로 만들어 가면 됩니다. 욕심을 내어 모든 것을 기억하려고 덤비지 말고 순간마다 성령님께 도움을 구하며 꼭 필요한 것만 기억하기 바랍니다. 그리고 그것을 생활에 적용하고 실천하기 바랍니다. 그러면 크게 성공합니다.

당신 안에 가득히 들어와 계신 성령님께 이렇게 말씀드리십시오.

"성령님, 저에게 기억력과 집중력과 이해력을 주세요."

하지 말아야 할 것을 구별해서 버려라

당신은 매사에 성령님을 인격적으로 존중하며 의지합니까?

성령님은 지혜와 총명의 영이십니다. 그런 분이 지금 당신 안에 생수의 강으로, 넘치는 기름 부으심으로 들어와 계십니다.

인생은 성령님과 동업해야 올바른 길을 갈 수 있고 성공합니다.

나는 지금도 아침에 눈을 뜨면 기억력을 증가시켜 달라고 성령님께 도움을 구합니다. "성령님, 오늘도 기억력을 증가시켜 주세요."

당신도 성령님께 무엇이든 도움을 구하기 바랍니다.

나이가 들수록 내 기억력은 증가하고 있습니다. 내 머리는 돌대가리가 아니며 조금도 나쁘지 않습니다. 나는 천재입니다.

"그러면 모든 것을 다 기억하시겠네요? 정말 좋겠어요."

그렇지 않습니다. 기억력만 좋다고 성공하는 것이 아니며, 기억력이 좋은 사람 중에 보통 이하로 힘들게 사는 사람이 많습니다.

남달리 기억력이 좋긴 하지만 지혜가 없으면 오히려 그 좋은 기억력 때문에 정신에 혼란이 오는 경우가 많습니다. 세상에 있는 모든 것을 다 기억한다고 좋은 것이 아닙니다. 꼭 필요한 것을 암기하는 지혜가 중요합니다. 지혜가 없이 지식만 있어도 문제요 지식이 없이 지혜만 있어도 문제입니다. 그래서 하나님께서는 솔로몬에게 지혜와 총명을 함께 주신 것입니다. 공부를 많이 해서 지식은 있는데 지혜가 없는 사람은 무엇이든 덤벼들어 쉬지 않고 공부하며 어떻게든 더 많이 가지려고 애씁니다. 그것은 오히려 자신과 가족에게 해가 됩니다. 성경은 그렇게 죽어라 일만 하지 말고 꼭 필요한 일만 하라, 평안히 잠자고 쉬라고 말씀합니다. "너희가 일찍이 일어나고 늦게 누우며 수고의 떡을 먹음이 헛되도다. 그러므로 여호와께서 그의 사랑하시는 자에게는 잠을 주시는도다."(시 127:2)

성공의 비결은 무엇일까요?

무작정 남들보다 더 많은 것을 얻는데 있지 않습니다.

꼭 필요하지 않은 것을 골라내고 그것을 하지 않는 것이 지혜입니다. 하나님이 자기에게만 주신 '특정 분야의 기름 부으심'을 발견해야 하며, 하나님이 각 사람에게 주신 믿음의 분량도 다릅니다.

하나님이 다른 사람에게 부어 주신 기름 부으심을 시기하거나 질투하지 말아야 합니다. 시기는 '그를 부러워한다'는 말이고 질투는 '그가 없으면 좋겠다'는 뜻입니다. 여기에서 분노와 살인이 나옵니다. 먼저 기름 부으심을 받고 왕이 된 사울은 부하 다윗에게 나타나는 더 큰 기름 부으심을 보면서 그를 시기하고 질투했으며, 그를 죽여 없애려 했습니다. 당신에게는 독한 시기와 다툼이 없습니까?

"너희 마음속에 독한 시기와 다툼이 있으면 자랑하지 말라. 진리를 거슬러 거짓말하지 말라. 이러한 지혜는 위로부터 내려온 것이 아니요 땅 위의 것이요 정욕의 것이요 귀신의 것이니 시기와 다툼이 있는 곳에는 혼란과 모든 악한 일이 있음이라."(약 3:14~16)

자기에게 부어 주신 기름 부으심을 발견하고 그것을 소중히 여기며 만족해야 합니다. 자기에게 허락되지 않은 기름 부으심을 얻겠다고 노력하는 일을 멈춰야 합니다. 예를 들면, 요셉의 형제들이나 다윗의 형제들은 아무리 노력해도 주권자 하나님이 선택한 요셉과 다윗에게 부어 주신 기름 부으심을 얻을 수 없습니다. 그들이 40일 금식 기도를 세 번 해도, 매일 12시간씩 기도해도, 성경을 수백 번을 읽어도, 해외에 유학 가서 일류대학교를 졸업하고 박사 학위를 10개 받아도 안 됩니다. 그런 노력을 멈춰야 행복합니다.

그런 구별된 기름 부으심을 시기 질투하지 말고 그렇게 기름 부으신 하나님의 택한 종을 존중하고 따라야 합니다. 아브라함과 이삭과 야곱, 요셉, 모세, 다윗, 솔로몬에게 주신 기름 부으심을 주변에 있는 부모나 자녀, 형제나 친척, 친구나 동료가 흉내 내면서 자신도 그것을 반드시 얻겠다고 애쓰는 것은 헛된 일입니다.

하나님이 어머니 복중에서 그렇게 불러 쓰시기로 선택하셨기 때문입니다. "내 형질이 이루어지기 전에 주의 눈이 보셨으며 나를 위하여 정한 날이 하루도 되기 전에 주의 책에 다 기록이 되었나이다."(시 139:6) 그러면 어떻게 해야 할까요? 그들을 향한 하나님의 계획하심과 준비하심과 사용하심에 대해 감사해야 합니다.

"주께서 내 내장을 지으시며 나의 모태에서 나를 만드셨나이다. 내가 주께 감사하옴은 나를 지으심이 심히 기묘하심이라. 주께서 하시는 일이 기이함을 내 영혼이 잘 아나이다. 내가 은밀한 데서 지음을 받고 땅의 깊은 곳에서 기이하게 지음을 받은 때에 나의 형체가 주의 앞에 숨겨지지 못하였나이다. 내 형질이 이루어지기 전에 주의 눈이 보셨으며 나를 위하여 정한 날이 하루도 되기 전에 주의 책에 다 기록이 되었나이다. 하나님이여, 주의 생각이 내게 어찌 그리 보배로우신지요 그 수가 어찌 그리 많은지요 내가 세려고 할지라도 그 수가 모래보다 많도소이다. 내가 깰 때에도 여전히 주와 함께 있나이다."(시 139:13~18)

하나님이 당신을 버린 것이 아닙니다. 하나님은 당신을 한없이 사랑하시며 당신을 향한 생각이 모래보다 많습니다.

하나님이 당신을 부르시고 당신에게 꼭 필요한 은사를 주셨다면 오직 그 일에만 충성하십시오. 다른 사람에게 있는 것을 부러워하며 그것을 당신도 얻겠다고 여기저기 돌아다니지 마십시오.

"네가 자기의 일에 능숙한 사람을 보았느냐? 이러한 사람은 왕 앞에 설 것이요 천한 자 앞에 서지 아니하리라"(잠 22:29)고 했습니다. 남의 일이 아닌 '자기의 일에 능숙한 사람'이 되기 위해 노력하십시오. 남이 받은 기름 부으심을 얻기 위해 노력하지 말고 자신이 받은 기름 부으심을 증가시키기 위해 노력하십시오. 그것은 쉽고 저절로 되는 일입니다. 하나님이 당신에게 어떤 기름 부으심을 주셨다면 세월이 지나는 동안 그 일에 대한 문을 열어 주실 것입니다.

다윗은 골리앗과 싸울 때 사울이 주는 갑옷과 무기를 거절했고 자신의 무기인 물맷돌을 챙겼습니다. 하나님이 당신에게 주신 무기가 무엇인지 알고 그것을 통해 사역을 배가하십시오. 하나님은 내게 '복음 작가의 길'을 열어 주셨고 그 일을 배가시켜 주셨습니다.

사업가는 사업에의 기름 부으심을 증가시키려고 기도하고 연구하고 생각해야 합니다. 직장인은 직장에의 기름 부으심을 증가시키려고 기도하고 연구하고 생각해야 합니다. 목회자는 목회에의 기름 부으심을 증가시키려고 기도하고 연구하고 생각해야 합니다. 예술가는 예술에의 기름 부으심, 운동선수는 운동에의 기름 부으심, 작가는 작가에의 기름 부으심, 요리사는 요리에의 기름 부으심 등 각 분야에서 하나님이 이미 주신 기름 부으심을 증가시키기 위해 기도하며 성령님의 도우심을 구해야 합니다. 이것이 참된 지혜입니다.

사람이 아닌 하나님이 당신을 남달리 구별하였고 당신에게 꼭 필요한 은사와 부르심을 주셨고 후회하심이 없습니다. 그걸 받은 당신은 왜 끊임없이 후회하며 힘들어 합니까? "누가 너를 남달리 구별하였느냐? 네게 있는 것 중에 받지 아니한 것이 무엇이냐? 네가 받

앉은즉 어찌하여 받지 아니한 것 같이 자랑하느냐?"(고전 4:7)

하나님이 기름 부으신 알에만 전념하라

내가 어떻게 100권이 넘는 책을 출간할 수 있었을까요?

꼭 필요한 만남이 아니면 안 만났고 꼭 필요한 모임이 아니면 안 갔기 때문입니다. 꼭 해야 할 일이 아니면 안 했기 때문입니다.

그것이 내가 100권의 책을 써내기 위해 치른 대가였습니다.

어떤 일을 하든지 그 일에 능숙하려면 대가를 지불해야 합니다.

나는 하루에 10시간씩 기도하겠다고 뜻을 정했고 이를 위해 대가를 지불합니다. 그것은 곧 사람들을 만나는 스케줄을 많이 잡지 않는 것이며, 내 차에 다른 사람을 태우지 않는 것입니다. 나는 오로지 복음을 전하기 위해서만 사람을 차에 태우고 그 외에는 성령님과 함께 기도하기 위해 차를 '혼자만의 공간'으로 만듭니다.

나는 요즘 새벽에 눈 뜨면 교회에 와서 오후 4시까지 기도에 힘씁니다. 그렇게 주님과 보내는 기도 시간이 즐겁고 행복합니다. 하루에 10시간씩 기도하고 말씀을 연구하며 깨달음을 얻고 그것을 책에 씁니다. 오후 4시가 되면 아내와 함께 산책합니다.

많은 사람들이 너무 정신없이 돌아다닙니다. 그렇게 바쁘게 살면 언젠가는 성공할 거라고 착각합니다. 빽빽한 스케줄, 바쁜 생활을 뿌듯하게 여깁니다. 하지만 남는 것은 하나도 없습니다. 성령님과 함께 계획을 세우고 뱀처럼 지혜롭게 사람들을 만나야 합니다.

꼭 만나라는 사람만 만나고 꼭 하라는 일만 해야 합니다.

각자의 인생은 한정되어 있기 때문에 세월을 아껴야 합니다.

"어떤 사람을 만나야 할지, 그것을 어떻게 알 수 있나요?"

나도 잘 모릅니다. 그래서 나는 성령님께 묻습니다.

"성령님, 어떻게 할까요?"

그리고 주인님이신 성령님의 음성을 듣고 순종합니다.

"가라, 가지 마라."

"하라, 하지 마라."

"주라, 주지 마라."

"받아라, 받지 마라."

"만나라, 만나지 마라."

"이젠 그만, 스케줄이 있다고 말하고 작별하고 떠나라."

"나와 함께 시간을 보내자. 기도하러 가자."

사람들을 만날 때 무한정으로 시간을 내면 안 됩니다.

"나는 오늘 시간이 많아요. 종일 자유로워요"라고 말하면 당신의 하루는 다른 사람의 것이 되고 그들에게 끌려 다니게 됩니다. 절제하십시오. 10분, 30분, 한 시간 후에 다음 스케줄이 있다고 미리 말하고 만나는 것이 좋습니다. 그러면 상대방도 존중합니다.

"한 시간 후에 다음 스케줄이 있어요. 정확하게 출발해야 해요."

"아, 바쁜데 시간을 내어 오셨군요. 감사합니다."

나의 다음 스케줄은 기도하는 것입니다.

꼭 필요한 말만 하고 많은 말을 하지 마라

당신은 잡다한 이야기를 많이 하지 않습니까?

나는 아침에 일어나면 성령님께 도움을 구합니다.

"성령님, 사람들을 만날 때 잡다한 이야기를 하지 않게 해주세요. 예수님 이야기만 하게 해주세요. 잡다한 뉴스는 보지 않게 해주세요. 잡다한 정보는 퍼 나르지 않게 해주세요. 사람의 영광을 구하지 않게 해주세요. 오직 하나님의 영광만 구하게 해주세요."

예수님은 무익한 말을 하지 말라고 경고하셨습니다.

"내가 너희에게 이르노니 사람이 무슨 무익한 말을 하든지 심판 날에 이에 대하여 심문을 받으리라."(마 12:36)

무슨 무익한 말을 하든지 반드시 심판을 받는다는 것을 기억해야 합니다. 하나님 앞에서 함부로 입을 열지 말고 급한 마음으로 말을 내지 말고 마땅히 말을 적게 하십시오. 이것이 지혜입니다.

"너는 하나님 앞에서 함부로 입을 열지 말며, 급한 마음으로 말을 내지 말라. 하나님은 하늘에 계시고 너는 땅에 있음이니라. 그런즉 마땅히 말을 적게 할 것이라."(전 5:2)

사람들을 만날 때 늘 깨어 있어야 합니다. 꼭 필요한 대화만 나누고 아쉽다고 느낄 때 깔끔하게 헤어져야 합니다. 안 그러면 자기 이야기를 한 후에 남의 험담과 잡담을 나누게 됩니다. 대부분 거기서 문제가 생깁니다. 남의 말하기를 멈추고 자기 일에 충실해야 합니다. 밥 먹고 차 마시며 잡담한다고 몇 시간을 보내다 보면 자기의 일을 게을리 하게 되고 패가합니다. "남의 말하기를 좋아하는 자의 말은 별식과 같아서 뱃속 깊은 데로 내려가느니라. 자기의 일을 게을리 하는 자는 패가하는 자의 형제니라."(잠 18:8~9)

사람 이야기는 조금만 하고 예수님 이야기를 많이 하십시오.

"또 무엇을 하든지 말에나 일에나 다 주 예수의 이름으로 하고 그를 힘입어 하나님 아버지께 감사하라."(골 3:17)

꼭 필요한 공부만 하고 잡다한 공부는 하지 마라

당신은 공부에 대한 욕심이 없습니까?

어떤 사람은 끝도 없이 공부하려고 덤벼듭니다. 나이가 많아도 항상 학교 가방을 메고 다니며 그걸 자랑스럽게 여기고 최대한 많은 학벌과 학연을 만들려고 애씁니다. 소용없는 일입니다.

어떤 일을 하는 것도 중요하지만 하지 않는 것은 더 중요합니다.

성령님이 하라는 공부만 하고 멈추십시오. 어릴 때부터 늘 해 와서 마음이 편하고 익숙한 학교생활과 학과 공부는 당신이 멈추기 전에는 끝이 없습니다. 평생 학생으로 학교를 다니면 가족이 고생합니다. "나 학생이니까 건드리지 마"라며 짜증을 부리게 됩니다.

학교는 졸업하라고 있는 것입니다. 꼭 필요한 만큼 공부하고 졸업했으면 그만 가야 합니다. 교과서와 교재, 참고 서적을 밤낮 공부하며 외우고 시험치고 논문을 써내는 '수재의 위치'에서 자신의 이야기와 깨달음을 담은 책을 써내는 '천재의 위치'로 옮겨야 합니다.

학교라는 상자, 교실이라는 칸막이에서 빠져나와 천재의 길을 가십시오. 여기에 대해 자세히 알고 싶으면 내가 쓴 책 〈김열방의 두뇌개발비법〉을 꼭 구입해서 읽어보십시오. 수재나 영재가 아닌 천재적인 기름 부으심을 따라 사는 방법이 자세히 나와 있습니다.

대구대학교를 나온 사람은 서울대학교 나온 사람을 부러워하고, 서울대학교를 나온 사람은 하버드대학교 나온 사람을 부러워합니다. 하버드대학교를 나온 사람은 초등학교밖에 안 나왔는데 세계적인 사업가와 자산가가 된 사람을 부러워합니다. 이런 시기와 질투, 경쟁과 다툼이 다 허탄한 짓입니다. 자기의 길만 가면 됩니다.

사울 왕처럼 사람의 영광을 구하므로 버림받지 말고 다윗 왕처럼 엎드려 기도하며 하나님의 얼굴과 영광을 구하십시오.

인생은 그 날이 풀과 같고 그 영화가 들의 꽃과 같습니다.

그 모든 것은 바람이 지나가면 다 없어지고 그 있던 자리도 다시 알지 못합니다. 하나님을 경외하는 것이 지혜의 근본입니다.

"인생은 그 날이 풀과 같으며 그 영화가 들의 꽃과 같도다. 그것은 바람이 지나가면 없어지나니 그 있던 자리도 다시 알지 못하거니와 여호와의 인자하심은 자기를 경외하는 자에게 영원부터 영원까지 이르며 그의 의는 자손의 자손에게 이르리니 곧 그의 언약을 지키고 그의 법도를 기억하여 행하는 자에게로다."(시 103:15~18)

하나님을 경외하며 하나님 앞에서 경건하게 생활하십시오.

그분이 기름 부어 주신 것에만 충성하십시오. 다른 사람에게 있는 기름 부으심을 보며 부러워하거나 그것을 탐내지 마십시오.

이미 당신의 잔이 넘칩니다. 다윗은 고백했습니다.

"여호와는 나의 목자시니 내게 부족함이 없으리로다. 주께서 기

름을 내 머리에 부으셨으니 내 잔이 넘치나이다."(시 23:1, 5)

하나님이 당신에게 기름 부어 주신 분야만 공부하고 졸업하십시오. 잡다한 지식과 자격증과 학위와 학벌을 추구하지 마십시오.

나는 꼭 필요한 일만 하고, 꼭 필요한 것만 공부하고, 꼭 필요한 것만 암기하고, 꼭 필요한 책만 읽고, 꼭 필요한 영상만 봅니다.

"세상에 필요 없는 것이 있나요? 다 필요하지 않나요?"

그렇게 공부해서 시험에 몇 번이나 떨어진 사람들이 많습니다.

그들은 시험을 준비할 때, 시험에 나오는 꼭 필요한 것만 공부하지 않고 온갖 자료를 신디미처럼 쌓아 놓고 다 공부하겠다고 덤벼들기 때문에 떨어지는데, 확실하게 암기한 것이 없이 대충 공부하면서 시간을 보내기 때문입니다. 4시간 자고 죽어라고 공부한다고 시험에 합격하는 것이 아닙니다. 시험에 나오지 않는 것을 잘 구분해서 버리는 작업부터 해야 합니다. 그러려면 지혜가 필요합니다.

인생도 성공하려면 그렇게 해야 합니다. 꼭 해야 할 것이 아니라면 선별해서 뜯어내는 작업부터 먼저 해야 합니다. 그렇지 않으면 마음에 부담만 잔뜩 안게 되고 그 짐이 무거워 인상을 찡그리게 될 것입니다. 마음에 행복과 기쁨, 자유와 평강이 없게 됩니다.

사도 바울은 '각 사람의 영역과 분량'에 대해 말했습니다.

첫째, 당신의 몸을 하나님이 기뻐하실 거룩한 산 제물로 드려야 합니다. 제물은 '희생'을 말합니다. 예수님은 "아무든지 나를 따라오려거든 자기를 부인하고 자기 십자가를 져야 한다"고 하셨습니다. 자기를 부인하고 자기 십자가를 지면 행복해집니다. 많은 사람들이 하나님께 자신을 제물로 드리지 않고 성공하려고만 합니다.

그래서 마음에 행복과 평안이 없는 것입니다. 그분께 항복하십시오.

"그러므로 형제들아, 내가 하나님의 모든 자비하심으로 너희를 권하노니 너희 몸을 하나님이 기뻐하시는 거룩한 산 제물로 드리라. 이는 너희가 드릴 영적 예배니라."(롬 12:1)

둘째, 사람의 뜻을 구하지 말고 하나님의 뜻을 구해야 합니다.

사람들은 서로 높아지고 서로 영광을 취하려고 다툽니다. 하지만 예수님은 "누구든지 높아지고자 하는 자는 낮아져야 한다"고 하셨습니다. 우리는 그들을 본받지 말고 말씀과 성령을 통해 마음을 새롭게 함으로 변화를 받아 우리를 향한 하나님의 선하시고 기뻐하시고 온전하신 뜻이 무엇인지 분별하도록 해야 합니다.

"너희는 이 세대를 본받지 말고 오직 마음을 새롭게 함으로 변화를 받아 하나님의 선하시고 기뻐하시고 온전하신 뜻이 무엇인지 분별하도록 하라.(롬 12:2)

셋째, 하나님의 선하시고 기뻐하시고 온전하신 뜻이 무엇일까요? 그것은 마땅히 생각할 그 이상의 생각을 품지 않고, 오직 하나님께서 각 사람에게 나누어 주신 믿음의 분량대로 지혜롭게 생각하는 것입니다. 이 둘 중에 하나라도 놓치면 마음이 불안해집니다.

"내게 주신 은혜로 말미암아 너희 각 사람에게 말하노니 마땅히 생각할 그 이상의 생각을 품지 말고, 오직 하나님께서 각 사람에게 나누어 주신 믿음의 분량대로 지혜롭게 생각하라."(롬 12:3)

넷째, 마땅히 생각할 그 이상의 생각을 품지 말라는 것은 무엇을 의미할까요? 한 몸에 많은 지체를 가졌는데, 각각 기능이 다름을 인정하라는 것입니다. 눈이 손처럼 기능할 수 없고 입이 발처럼 기능할 수 없습니다. 간이 위처럼 기능할 수 없고 심장이 콩팥처럼 기능할 수 없습니다. 당신은 어떤 기능을 가졌습니까? 그 이상의 생각을 품지 마십시오. 다른 기능을 시기하거나 질투하지 마십시오.

시기는 '부러워하는 것'이고 질투는 '미워하는 것'입니다.

시기와 질투는 자신의 뼈가 썩게 합니다.

"우리가 한 몸에 많은 지체를 가졌으나 모든 지체가 같은 기능을 가진 것이 아니니 이와 같이 우리 많은 사람이 그리스도 안에서 한 몸이 되어 서로 지체가 되었느니라."(롬 12:4~5)

다섯째, 하나님께서 각 사람에게 니누어 주신 믿음의 분량대로 지혜롭게 생각하라는 것은 무엇을 의미할까요? 하나님이 자신에게 은혜로 주신 은사를 인정하고 존중하며, 자신의 믿음의 분수에 만족하며 즐거운 마음으로 하나님 앞에서 봉사하라는 것입니다.

"우리에게 주신 은혜대로 받은 은사가 각각 다르니 혹 예언이면 믿음의 분수대로, 혹 섬기는 일이면 섬기는 일로, 혹 가르치는 자면 가르치는 일로, 혹 위로하는 자면 위로하는 일로, 구제하는 자는 성실함으로, 다스리는 자는 부지런함으로, 긍휼을 베푸는 자는 즐거움으로 할 것이니라. 사랑에는 거짓이 없나니 악을 미워하고 선에 속하라."(롬 12:6~9)

여섯째, 우리 모두가 그리스도 안에서 형제임을 기억하고, 서로 사랑하고 우애하고 존경하기를 서로 먼저 해야 합니다.

"형제를 사랑하여 서로 우애하고 존경하기를 서로 먼저 하며 부지런하여 게으르지 말고 열심을 품고 주를 섬기라."(롬 12:10~11)

일곱째, 어떤 일이 있어도 기쁨과 인내, 기도의 힘을 잃지 말아야 합니다. 그러기 위해서는 하나님 앞에서 늘 자신의 마음을 낮추고 겸손해야 합니다. 하나님은 겸손한 자에게는 은혜를 주시지만 교만한 자는 물리치고 대적하시기 때문입니다.

"소망 중에 즐거워하며 환난 중에 참으며 기도에 항상 힘쓰며 성도들의 쓸 것을 공급하며 손 대접하기를 힘쓰라. 너희를 박해하는 자를 축복하라. 축복하고 저주하지 말라. 즐거워하는 자들과 함께 즐거워하고 우는 자들과 함께 울라. 서로 마음을 같이하며 높은 데 마음을 두지 말고 도리어 낮은 데 처하며 스스로 지혜 있는 체 하지 말라. 아무에게도 악을 악으로 갚지 말고 모든 사람 앞에서 선한 일을 도모하라. 할 수 있거든 너희로서는 모든 사람과 더불어 화목하라. 내 사랑하는 자들아, 너희가 친히 원수를 갚지 말고 하나님의 진노하심에 맡기라 기록되었으되 원수 갚는 것이 내게 있으니 내가 갚으리라고 주께서 말씀하시니라. 네 원수가 주리거든 먹이고 목마르거든 마시게 하라. 그리함으로 네가 숯불을 그 머리에 쌓아 놓으리라. 악에게 지지 말고 선으로 악을 이기라."(롬 12:12~21)

사람의 영광을 구하지 말고 자나 깨나 하나님의 영광만 구하기 바랍니다. 하나님의 얼굴을 사모하며 그분의 얼굴 앞에서 감사하며 행복한 마음으로 살아가십시오. 하나님께 크게 쓰임 받는 것보다 더 중요한 것은 하나님의 얼굴을 구하는 것입니다.

다윗은 평생 그렇게 살겠다고 고백했습니다. "주의 궁정에서의 한 날이 다른 곳에서의 천 날보다 나은즉 악인의 장막에 사는 것보다 내 하나님의 성전 문지기로 있는 것이 좋사오니."(시 84:10)

하나님의 얼굴 앞에서 평생 기도하기로 헌신하기 바랍니다.

겸손하게 엎드려 날마다 더 많이 기도하기 바랍니다.

성령님께 묻고 꼭 필요한 일만 하라

당신은 독한 시기에 빠져 있지 않습니까?

이런 시기는 성령님이 주시는 것이 아닌 귀신이 주는 것입니다.

"너희 마음속에 독한 시기와 다툼이 있으면 자랑하지 말라. 진리를 거슬러 거짓말하지 말라. 이러한 지혜는 위로부터 내려온 것이 아니요 땅 위의 것이요 정욕의 것이요 귀신의 것이니 시기와 다툼이 있는 곳에는 혼란과 모든 악한 일이 있음이라."(약 3:14~16)

시기는 '부러워하는 것'입니다. 시기가 커지면 질투로 바뀝니다.

질투는 '미워하는 것'이며 어떤 부분에서든 그가 나보다 조금이라도 잘난 점이 있으면 미워 죽여 버리고 싶은 악독한 마음입니다.

선으로 악을 이겨야 합니다. 즐거워하는 자들과 함께 즐거워해야 합니다. 시기와 질투는 다른 사람에게 드러내고 말하지 않는 죄입니다. 다른 사람의 얼굴을 보며 부러워하지 말고 하나님의 얼굴을 구하십시오. 다른 사람의 돈과 명예, 권세와 학벌, 건물과 땅, 가문과 숫자 등을 부러워하지 마십시오. 다른 사람이 받은 은혜와 은사, 기름 부으심을 부러워하며 질투하지 마십시오.

"왜 내게 와야 할 은혜와 은사, 기름 부으심이 저 사람에게 간 거야? 하나님이 나를 미워하시는가?"라고 말하지 마십시오.

그러면 마음에 평강과 행복이 사라집니다. 오직 자신의 일에만 충성하고 자족하며 당신을 높이시는 성령님을 바라보십시오.

성령님, 무엇을 구하면 될까요?

"그러면 하나님께 크게 쓰임 받겠다는 게 잘못된 건가요?"

아닙니다. 누구나 큰 꿈과 소원을 가질 수는 있습니다. 하지만 그렇게 하게 하시는 분은 하나님이심을 명심해야 합니다. 당신이 스스로 큰 인물이 되려고 하거나 높아지려고 애쓸 필요는 없다는 말입니다. 하나님이 높이십니다. "너희 뿔을 높이 들지 말며 교만한 목으로 말하지 말지어다. 무릇 높이는 일이 동쪽에서나 서쪽에서 말미암지 아니하며 남쪽에서도 말미암지 아니하고 오직 재판장이신 하나님이 이를 낮추시고 저를 높이시느니라."(시 75:5~7)

어떤 일을 하든 성령님께 묻고 그분의 음성에 귀를 기울이십시오. "성령님, 저를 향한 하나님의 뜻은 무엇인가요? 알려주세요."

"그를 향하여 우리가 가진 바 담대함이 이것이니 그의 뜻대로 무엇을 구하면 들으심이라. 우리가 무엇이든지 구하는 바를 들으시는 줄을 안즉 우리가 그에게 구한 그것을 얻은 줄을 또한 아느니라"(요일 5:14~15)고 했습니다. 그분의 뜻이 무엇인지 정확하게 알고 구해야 합니다. 그러면 그분이 응답하시고 우리는 구한 얻은 줄 알게 됩니다. 이렇게 중얼거리며 성령님께 구체적으로 여쭈십시오.

"성령님, 제가 무엇을 구하면 될까요? 알려주세요."

그러면 성령님이 세미한 음성을 들려주십니다. 그것을 구하면 즉시 얻게 되고 우리는 그것을 얻었다는 것을 알게 됩니다.

남이 한다고 다 하려고 덤비지 마라

남이 한다고 다 하려고 덤비지 말고 하나님이 당신에게 원하시는 꼭 필요한 일만 하십시오. 그렇지 않은 것은 과감히 멈추십시오.

그래도 됩니다. 그래야 평온하고 행복한 삶을 살게 됩니다.

어떤 것들이 있을까요?

첫째, 꼭 필요한 돈이 아니면 벌려고 너무 애쓰지 마십시오.

돈 가진 사람 앞에서 고개를 숙이지 마세요. 무작정 돈을 많이 번다고 좋은 것은 아닙니다. 하나님이 은혜로 주시는 돈, 꼭 필요한 돈만 벌면 됩니다. 돈은 좋은 것이고 모든 일에 유용하지만 "돈을 사랑하는 것은 일만 악의 뿌리"(딤전 6:10)라고 했습니다. 밤낮 돈을 쫓아다니거나 돈 때문에 사람에게 굽실거리지 말아야 합니다.

돈은 하나님이 주시는 복의 종류 중에 하나입니다. 하나님은 우리가 그분을 사랑하고 경외하며 십일조를 드리면 하늘 문을 열고 복을 쌓을 곳이 없도록 부어 주신다고 약속하셨습니다. "만군의 여호와가 이르노라. 너희의 온전한 십일조를 창고에 들여 나의 집에 양식이 있게 하고 그것으로 나를 시험하여 내가 하늘 문을 열고 너희에게 복을 쌓을 곳이 없도록 붓지 아니하나 보라."(말 3:10)

하나님은 우리에게 은혜로 많은 돈을 주시고 그로 인해 모든 착한 일을 넘치게 하게 하십니다. "하나님이 능히 모든 은혜를 너희에게 넘치게 하시나니 이는 너희로 모든 일에 항상 모든 것이 넉넉하여 모든 착한 일을 넘치게 하게 하려 하심이라.”(고후 9:8)

이 구절에서 말하는 것은 영적인 은혜가 아닌 돈입니다. 바울은 돈 곧 풍성한 연보에 대한 이야기를 하면서 이 말을 했습니다.

왜 하나님이 은혜로 돈을 많이 주실까요? 예수님이 십자가에서 우리의 죄만 아니라 가난도 다 짊어지셨기 때문입니다.

예수님은 우리의 과거와 현재와 미래의 가난, 자손 천대까지의 가난, 가정과 가문과 도시와 국가의 가난까지 모두 짊어지셨습니다. 그러므로 우리와 우리 자손은 평생 가난과 상관없습니다.

“예수님이 우리의 영적인 가난만 짊어지신 것이 아닌가요?”

그렇지 않습니다. 성경의 전후 문맥을 살펴보십시오. 연보 곧 돈에 대한 이야기입니다. 바울은 우리를 구원하신 주 예수님이 우리의 재정적인 가난도 모두 짊어지셨다고 말합니다.

“우리 주 예수 그리스도의 은혜를 너희가 알거니와 부요하신 이로서 너희를 위하여 가난하게 되심은 그의 가난함으로 말미암아 너희를 부요하게 하려 하심이라. 이 일에 관하여 나의 뜻을 알리노니 이 일은 너희에게 유익함이라. 너희가 일 년 전에 행하기를 먼저 시작할 뿐 아니라 원하기도 하였은즉 이제는 하던 일을 성취할지니 마음에 원하던 것과 같이 완성하되 있는 대로 하라.”(고후 8:9~11)

돈은 하나님의 은혜로 쉽게 벌어야 합니다. 내 육체의 힘으로 돈을 벌려고 애쓰다 보면 정말 귀중한 것들을 많이 잃게 됩니다. 재물을 얻게 하시는 하나님의 은혜를 사모하고 인정하고 믿으십시오.

하나님의 은혜가 당신을 거부로 만들어 줄 것입니다. 이삭도 하나님의 은혜로 부요해졌고 거부가 되었고 강성해졌습니다. 하지만 그로 인해 그는 블레셋 사람에게 시기와 질투를 받았습니다.

"이삭이 그 땅에서 농사하여 그 해에 백배나 얻었고 여호와께서 복을 주시므로 그 사람이 창대하고 왕성하여 마침내 거부가 되어 양과 소가 떼를 이루고 종이 심히 많으므로 블레셋 사람이 그를 시기하여 그 아버지 아브라함 때에 그 아버지의 종들이 판 모든 우물을 막고 흙으로 메웠더라. 아비멜렉이 이삭에게 이르되 네가 우리보다 크게 강성한즉 우리를 떠나라."(창 26:12~16)

하나님은 당신을 "위에만 있고 아래에 있지 않게 하며, 머리가 되고 꼬리가 되지 않게 하며, 많은 민족에게 꾸어 줄지언정 꾸지 않게 하겠다"고 약속하셨습니다. 아래에 있고 꼬리에 있고 꾸어야 할 정도로 바닥을 기며 돈을 벌려고 애쓰지 말아야 합니다. 어떻게 많은 민족에게 꾸어 줄 정도로 큰 복을 받을 수 있을까요? 쉽습니다.

하나님의 음성을 듣고 순종하면 됩니다.

"네가 네 하나님 여호와의 말씀을 삼가 듣고 내가 오늘 네게 명령하는 그의 모든 명령을 지켜 행하면 네 하나님 여호와께서 너를 세계 모든 민족 위에 뛰어나게 하실 것이라. 네가 네 하나님 여호와의 말씀을 청종하면 이 모든 복이 네게 임하며 네게 이르리니 성읍에서도 복을 받고 들에서도 복을 받을 것이며 네 몸의 자녀와 네 토지의 소산과 네 짐승의 새끼와 소와 양의 새끼가 복을 받을 것이며 네 광주리와 떡 반죽 그릇이 복을 받을 것이며 네가 들어와도 복을 받고 나가도 복을 받을 것이니라."(신 28:1~6)

여기서 다른 사람의 하나님이라고 하지 않았습니다. '네 하나님 여호와'라고 했습니다. 누굴까요? 바로 당신과 함께 계신 성령님입니다. 성령님은 하나님의 영이요 여호와의 영이요 예수의 영이십니다. 그분의 세미한 음성을 듣고 즐겁게 순종해야 합니다.

물론 기록된 성경 66권의 말씀도 듣고 순종해야 합니다. 성경은 창세기부터 요한계시록까지 모두 예수님에 대해 말합니다.

"너희가 성경에서 영생을 얻는 줄 생각하고 성경을 연구하거니와 이 성경이 곧 내게 대하여 증언하는 것이니라."(요 5:39)

성경 말씀은 오직 한 가지 '복음'을 말하고 있습니다.

"그러므로 모든 육체는 풀과 같고 그 모든 영광은 풀의 꽃과 같으니 풀은 마르고 꽃은 떨어지되 오직 주의 말씀은 세세토록 있도다 하였으니 너희에게 전한 복음이 곧 이 말씀이니라."(벧전 1:24~25)

모든 성경은 하나님의 감동으로 된 것으로 교훈과 책망과 바르게 함과 의로 교육하기에 유익하며 또한 '내게 주신 레마'입니다. 하나님의 말씀을 내게 주신 말씀으로 인정하고 받아들여야 합니다. 하나님의 말씀 곧 성경을 제쳐놓고 특별히 레마를 받겠다고 금식 철야하는 사람들이 있는데, 하나님은 성경을 통해 말씀하십니다.

또한 성령님은 일상생활에 필요한 지혜를 세미한 음성으로 들려주십니다. 그러나 그 음성조차 성경과 일치하는지 분별해야 합니다.

"성령님, 이 내용이 성경 어디에 나오나요?"라고 물으면 그분이 성경 내용을 떠올려 주십니다. 물론 '아이폰' '인터넷' '자동차' 같은 단어는 성경에 나오지 않습니다. 그런 것에 대한 음성이 들렸다면 그것은 지금 시대에만 주어지는 생활의 지혜에 대한 음성입니다.

성경을 읽으면서 "이건 저 사람에게 주신 말씀이야"라며 주위 사람에게 자꾸 퍼 나르지 말고 "이건 내게 주신 말씀이야"라며 간절한 마음으로 받아 자세히 공부해야 합니다. 어떤 구절은 입술로 중얼거리며 암송해야 합니다. 가슴에 새기고 꾸준히 지켜야 하는 내용도 있기 때문입니다. 성경 말씀을 통독하고 공부하고 암송하십시오.

"그리스도의 말씀이 너희 속에 풍성히 거하게 하라."(골 3:16)

하나님의 말씀을 은이나 금보다 귀하게 여기십시오.

"여호와의 율법은 완전하여 영혼을 소성시키며, 여호와의 증거는 확실하여 우둔한 자를 지혜롭게 하며, 여호와의 교훈은 정직하여 마음을 기쁘게 하고, 여호와의 계명은 순결하여 눈을 밝게 하시도다. 여호와를 경외하는 도는 정결하여 영원까지 이르고, 여호와의 법도 진실하여 다 의로우니 금 곧 많은 순금보다 더 사모할 것이며 꿀과 송이꿀보다 더 달도다. 또 주의 종이 이것으로 경고를 받고 이것을 지킴으로 상이 크니이다."(시 19:7~11)

돈보다 억만 배나 귀한 것이 하나님의 말씀입니다. 하나님의 말씀 앞에서만 굽실거리고 다른 것 앞에서는 떵떵거리십시오.

머리가 되고 꼬리가 되지 마십시오. 사람들의 꼬리가 되면 돈 때문에 움직이게 됩니다. 강아지처럼 꼬리를 흔들지 마십시오. 부요 믿음으로 살며 모든 사람 앞에서 당당하게 행동하십시오.

사람의 종이 되지 말고 하나님의 종이 되십시오.

나는 돈 때문에 사람들에게 굽실거리는 것이 싫습니다.

"그래도 돈을 벌려면 간도 쓸개도 다 빼놓고 굽실거려야 하지 않나요? 어떤 사람은 간과 쓸개만 아니라 오장육부를 다 빼놓고 굽실거려야 한다고 말하던데요. 돈을 준다면 뭐든지 해야 하지 않나요?"

그렇지 않습니다. 고객들에 대한 예의를 갖추고 그들을 존중해야 하지만 돈 때문에 그들에게 굽실거릴 필요는 없습니다.

하나님 앞에서 내가 할 일만 성실하게 잘하면 됩니다.

하나님이 기름 부어 세우신 당신의 위치가 있고 그 위풍이 있습니다. 돈 때문에 그것을 조금이라도 낮추지 마십시오.

"잘 걸으며 위풍 있게 다니는 것 서넛이 있나니 곧 짐승 중에 가장 강하여 아무 짐승 앞에서도 물러가지 아니하는 사자와 사냥개와 숫염소와 및 당할 수 없는 왕이니라."(잠 30:29~31)

둘째, 꼭 필요한 명예가 아니면 얻으려고 애쓰지 마십시오.

유명해지려고 온갖 짓을 다 하는 사람들이 있습니다.

"일단 유명해지고 봐야죠. 유명해지는 것이 내 꿈이에요."

유명세가 다 좋은 것은 아닙니다. 복음을 전하기 위해 유명해지는 것은 괜찮지만 그렇지 않은 것은 짐만 될 뿐입니다. "자고 나니 내가 유명해졌더라. 세상이 달라졌다"고 말한 사람들 중에는 갑작스런 유명세를 감당하지 못하고 쓰러지는 경우가 많습니다. 유명세는 영원히 가지 않고 잠깐 있다 사라지는 안개와 같습니다. "모든 육체는 풀과 같고 그 영광이 풀의 꽃과 같다. 풀은 시들고 꽃은 떨어진다"고 했습니다. 하지만 여호와의 영광 곧 복음은 영원히 있습니다. 하나님의 영광을 누리는 것, 복음을 누리는 것은 영원히 갑니다. 우리는 어떤 만남과 모임에서든 이것을 추구해야 합니다.

시끌벅적, 떠들썩하게 알려지는 것은 피곤할 뿐입니다.

유유자적, 조용히 생활하는 것이 행복한 인생입니다.

나는 날마다 행복합니다. 그 이유는 내가 하나님의 영광을 구하며 복음을 누리기 때문입니다. 세상 영광은 잠깐 있다 사라지는 안개처럼 헛된 것입니다. 이 책을 쓰고 있는 지금도 하나님의 영광의 구름이 나를 덮고 있습니다. 내 안에 복음이신 예수 그리스도가 실제로 살아 계십니다. 나는 조용히 앉아 책 읽고 책 쓰고 산책하지만 나를 감싸고 있는 하나님의 영광 때문에 말할 수 없이 행복합니다.

나는 유명세를 좋아하지 않습니다. 하나님이 나를 알아주시고 나와 함께 계신다는 사실 하나만으로도 내 잔이 넘칩니다. 당신도 연예인이나 영화배우가 아니라면 세상이 떠들썩할 정도로 유명해지려고 애쓰지 마십시오. 그것이 오히려 당신을 힘들게 할 것입니다.

유명해지면 마음 편하게 카페나 식당에 못 갑니다. 동네를 산책하고 아름다운 산과 들로 여행하는 것도 불편합니다. 나는 지금 대단지 아파트에 살고 있는데, 내 주위에 나를 아는 사람이 없다는 것이 내 마음을 편하게 합니다. 나는 아내와 마음껏 산책합니다.

유명세보다 눈치 보지 않는 자유로운 생활이 더 낫습니다.

아무리 크게 성공해도 누리지 못하면 소용없습니다.

"내가 해 아래에서 한 가지 불행한 일이 있는 것을 보았나니 이는 사람의 마음을 무겁게 하는 것이라. 어떤 사람은 그의 영혼이 바라는 모든 소원에 부족함이 없어 재물과 부요와 존귀를 하나님께 받았으나 하나님께서 그가 그것을 누리도록 허락하지 아니하셨으므로 다른 사람이 누리나니 이것도 헛되어 악한 병이로다."(전 6:1~2)

나는 내 안에 성령의 생수의 강이 흐름으로 내 영혼에 만족함이 있습니다. 나는 지금 내 안에 예수님이 살아 계심을 느낍니다.

나와 아내는 유명세를 타며 왕궁으로 불려 다니는 것보다 집 앞에 있는 공원을 조용히 산책하는 것을 더 좋아하며, 왕궁에서 천년을 사는 것보다 하나님의 집에서 종일 기도하는 것을 더 좋아합니다. 당신은 어떻습니까? 성공하려고 너무 애쓰지 마십시오.

잠잠히 여호와를 바라는 사람이 행복한 사람입니다.

"나의 영혼이 잠잠히 하나님만 바람이여."(시 62:1)

셋째, 꼭 필요한 권력이 아니면 얻으려고 애쓰지 마십시오.

나는 하나님의 말씀을 듣고 전하는 주의 종입니다. 왕이 해야 할 일은 왕에게 맡기고 나는 하나님의 종으로서의 일을 할뿐입니다.

"나는 하나님 앞에서 하나님의 종으로 살며 일한다."

이것이 얼마나 큰 행복인지 모릅니다. 더 이상 무엇을 원하겠습니까? 정치인들이 얼마나 오래 갑니까? 큰 목소리를 내며 세상을 호령하던 대단한 정치인이라도 얼마 있지 않아 내려오고 사라집니다. 권력은 오래가지 않고 마음에 기쁨과 평강을 주지 못합니다.

만왕의 왕이신 하나님 앞에서 겸손하고 그분을 경외해야 합니다.

하나님이 당신을 불러 정치하라고 하시면 하십시오.

하나님은 다윗을 불러 왕으로 기름 부으셨습니다. 그래서 다윗은 젊은 나이에 왕이 되었고 많은 복을 받았지만, 그는 왕의 자리보다 주의 종의 자리를 더 기뻐했습니다. 그는 성전에 들어가 무릎을 꿇고 두 손을 들고 하나님을 찬양하며 이렇게 고백했습니다.

"나는 주의 종이며 당신은 나의 왕이십니다."

정치는 남을 죽여야 내가 살아남는 싸움입니다. 싸울 줄 모르는 사람은 정치하면 안 됩니다. 말로든 힘으로든 법으로든 싸워 이겨야 합니다. 정치하면 많은 적이 생기며 잠도 제대로 못 잡니다.

평생 정치해도 대통령이 못 되는 사람이 있는데, 갑자기 등장한 정치 초년생이 대통령이 되는 경우도 있습니다. 왜일까요? 하나님이 세우시기 때문입니다. "무릇 높이는 일이 동쪽에서나 서쪽에서 말미암지 아니하며 남쪽에서도 말미암지 아니하고 오직 재판장이신 하나님이 이를 낮추시고 저를 높이시느니라."(시 75:6~7)

우리는 뭐가 꼭 필요한지 잘 모르지만 하나님은 정확히 아십니다. 당신에게 권력이 필요하면 하나님이 은혜로 주실 것입니다. 그 이상의 권력을 얻으려고 너무 애쓰지 마십시오.

넷째, 꼭 필요한 학벌이 아니면 얻으려고 애쓰지 마십시오.

당신은 어떤 학벌을 원하십니까? 꼭 필요한 학벌만 갖추고 그 이상은 마음에서 내려놓으십시오. 많은 사람들이 어릴 때 자신이 가보지 못했던 길에 대한 애착을 가지는데 다 내려놓고, 목자이신 성령님이 어릴 때부터 가장 좋은 길로 인도하셨다고 믿으십시오.

다윗은 목동이었지만 왕이 되었습니다. 솔로몬은 하나님께 지혜를 얻어 많은 공부를 하고 많은 책을 썼지만 다 헛되다고 했습니다.

"김열방 목사님도 많은 공부를 하고 많은 책을 써냈잖아요?"

내가 많은 책을 썼지만 주제는 한 가지 '사랑하는 구주 예수님'뿐입니다. 나는 예수님에 대해서는 할 말이 많기 때문에 그분에 대해 계속 책을 씁니다. 사실 내가 만난 예수님에 대해서는 수백 권의 책을 써도 모자랍니다. 나는 오직 복음을 전하기 위해 책을 씁니다.

예수님은 목수의 아들이었고 학벌이 없었습니다.

베드로도 어부였습니다. 바울은 최고의 학벌이 있었지만 그리스도를 위하여 모든 것을 배설물로 여긴다고 했습니다. 하나님이 인도하셔서 어릴 때부터 학과 공부를 잘하므로 쉽게 원하는 학벌을 얻은 사람이 있습니다. 은혜로 얻은 학벌입니다. 그와 반대로 어릴 때는 학과 공부에 관심과 흥미가 없고 다른 분야에 천재적인 눈이 열리는 사람도 있습니다. 사람마다 길이 다릅니다. 각자 자기의 길을 가면 됩니다. 하나님이 허락하지 않은 학벌을 얻으려고 자꾸 머리를 굴리지 않는 것이 좋습니다. 세상 공부는 끝도 없습니다.

언제까지 학교 가방을 메고 다니겠습니까? 성령님께 묻고 그분이 꼭 얻으라고 하시는 학벌만 얻으십시오. "내 아들아, 또 이것들로부터 경계를 받으라. 많은 책들을 짓는 것은 끝이 없고 많이 공부하는 것은 몸을 피곤하게 하느니라."(전 12:12)

다섯째, 꼭 필요한 숫자가 아니면 얻으려고 애쓰지 마십시오.

숫자가 우상이 된 사람이 있습니다. 그는 남과 경쟁하며 꼭 1등 해야 직성이 풀리고 모든 사람을 비교와 경쟁의 대상으로 삼습니다. 자기만 최고이고 다른 사람은 다 죽어야 속이 풀립니다.

세상은 그렇게 1등만 살아남는 것이 아닙니다. 학교에서 꼴찌 해도 사회에서 1등 할 수 있습니다. 세상에는 수백억 가진 억만장자들이 많습니다. 이들 중에는 학교에서 1등한 사람만 있는 것이 아닙니다. 학교 성적과 상관없이 지혜로 자산을 불린 사람이 많습니다.

하나님은 은혜로 복을 주십니다. 숫자에 집착하지 않아도 하나님은 당신으로 하여금 머리가 되고 꼬리가 되지 않게 하시며, 위에만 있고 아래에 있지 않게 하시며, 많은 민족에게 꾸어 줄지언정 꾸지 않게 하십니다. 눈에 보이는 숫자에서 자유를 얻으십시오. 숫자에 목마른 사람이 되지 말고 생수의 강을 따라 모든 일을 하십시오.

다윗은 매번 하나님을 의지하며 적군 속을 달리며 승리를 얻었는데, 하루는 칼을 뺄 만한 군인의 숫자를 셌다가 큰 곤경에 빠졌습니다.(대상 21:1~8) 만군의 여호와 하나님을 의지하십시오.

전쟁은 칼과 창, 인생과 방백에 있지 않고 그분에게 있습니다.

"숫자를 세는 것이 다 잘못된 것은 아니잖아요?"

그렇습니다. 구원 받은 영혼의 숫자를 세는 것은 괜찮습니다.

예수님도 처음 교회를 세우실 때 제자의 숫자를 세셨습니다.

"예수께서 그의 열두 제자를 부르사……."(마 10:1)

광야에서 말씀을 전하실 때도 "남자만 3천 명, 5천 명이었다"고 기록하고 있습니다. "어떤 사람에게 양 100마리가 있었는데 한 마리가 길을 잃었다"고 했습니다. 오순절 초대교회도 "베드로가 설교하니 회개한 사람이 3천 명이었다" "구원 받은 사람의 숫자가 5천 명이었다"라는 식으로 기록하고 있습니다. "바울이 안수하자 성령이 임했다. 모두 열두 사람이었다"고 했습니다. 이런 숫자는 괜찮습니다. 하지만 자기 힘을 과시하고 그것을 의지하기 위해 숫자를 세면 숫자가 우상이 됩니다. 하나님은 숫자에 민감하고 그것을 떠받드는 것을 매우 싫어하십니다. 오직 하나님이 은혜로 주신 영혼의 숫자만 세십시오. 때론 그것이 너무 많아 셀 수 없을 정도입니다.

솔로몬은 왕이 된 후에 이런 기도를 했습니다. "나의 하나님 여호와여, 종은 주께서 택하신 백성 가운데 있나이다. 그들은 큰 백성이라 수효가 많아서 셀 수도 없고 기록할 수도 없사오니 누가 주의 이 많은 백성을 재판할 수 있사오리이까?"(왕상 3:7~9)

숫자에 민감하지 말고 항상 마음을 낮추고 겸손하십시오.

숫자가 아닌 하나님의 은혜와 능력을 사모하십시오. 숫자의 종이 되지 말고 주의 종이 되십시오. 오직 생수의 강을 따라 사십시오.

여섯째, 꼭 필요한 부동산이 아니면 얻으려고 애쓰지 마십시오.

부동산은 땅과 빌딩, 아파트와 빌라 등을 말합니다. 하나님이 은혜로 허락하시는 산과 바다, 강과 하천, 땅과 빌딩, 아파트와 빌라를 얻는 것은 괜찮습니다. 그렇지 않고 탐심을 따라 무작정 많은 것을 소유하려고 애쓰면 그것이 짐이 되고 당신의 인생을 망칠 수 있습니다. 무작정 많은 유산을 물려받는 것도 짐이 될 수 있습니다.

호텔신라의 이부진 사장은 2022년 9월에 자신이 보유한 '삼성전자' 주식 325만 3,000주를 담보로 1,000억을 대출받았습니다. 2021년부터 지금까지 3,200억 원을 대출받았는데 아버지 이건희 회장의 별세 이후 물려받은 유산에 대한 상속세를 분납하기 위해서였습니다. 이부진 사장은 매년 4,333억 원을 상속세로 내야 합니다. 당신은 이런 부담이 없을 것입니다. 사람들은 말합니다.

"그래도 그녀가 누리는 것이 많잖아요?"

사람이 먹고 마시는 것 외에는 누리는 것이 다 비슷합니다.

하루에 열 끼 먹는 사람이 없고 하루에 열 대 차를 모는 사람이 없습니다. 누구나 한 켤레의 신발을 신고 한 대의 차를 타고 하나의 시계를 찹니다. "그래도 돌아가며 다양하게 누리잖아요?"

그래 봤자 별거 없습니다. 스티브 잡스는 다양하게 입는 것이 번거로워 청바지에 검은 티 하나만 반복해서 입었다고 합니다.

사람의 생명이 그 소유의 넉넉한 데 있지 않습니다.

당신에게 아무리 많은 땅과 빌딩, 아파트와 빌라가 있어도 오늘

밤에 하나님이 당신의 영혼을 도로 찾으시면 아무 소용없습니다.

하나님과 함께 부지런히 일하고 누리며, 하나님께 대하여 부요한 사람이 되어야 합니다. 나와 아내는 하나님이 은혜로 주신 것을 잘 누리고 있지만 항상 마음에 더 많이 연보하고 선교하겠다는 소원을 가지고 실천하고 있습니다. 그래서 코로나19의 어려운 기간에도 우리는 선교지와 선교비를 배로 늘렸습니다. 헌금도 늘었고 줄이지 않았습니다. 하나님은 환난 중에도 재정의 은혜를 더하셨습니다.

나는 날마다 은혜로 삽니다. 그리고 연보와 선교, 구제를 억지로나 인색함으로 하지 않고 즐겨 합니다. 두 배로 넘치게 합니다.

"각각 그 마음에 정한 대로 할 것이요 인색함으로나 억지로 하지 말지니 하나님은 즐겨 내는 자를 사랑하시느니라. 하나님이 능히 모든 은혜를 너희에게 넘치게 하시나니 이는 너희로 모든 일에 항상 모든 것이 넉넉하여 모든 착한 일을 넘치게 하게 하려 하심이라. 기록된 바 '그가 흩어 가난한 자들에게 주었으니 그의 의가 영원토록 있느니라' 함과 같으니라. 심는 자에게 씨와 먹을 양식을 주시는 이가 너희 심을 것을 주사 풍성하게 하시고 너희 의의 열매를 더하게 하시리니 너희가 모든 일에 넉넉하여 너그럽게 연보를 함은 그들이 우리로 말미암아 하나님께 감사하게 하는 것이라."(고후 9:7~11)

일곱째, 꼭 필요한 일이 아니면 하려고 애쓰지 마십시오.

당신이 갖고 있는 꿈과 소원 중에 꼭 해야 할 것과 하지 않아도 되는 것을 구별하는 것이 필요합니다. 모든 일을 하고 모든 경험을 하려고 덤비는 사람이 있는데, 그러면 인생이 고달파집니다.

많은 사람들이 수고하고 고생하며 힘들게 사는 것은 자신이 하지 말아야 할 일을 너무 많이 하기 때문입니다. 세월을 아껴야 합니다.

"세월을 아끼라, 때가 악하니라. 그러므로 어리석은 자가 되지 말고 오직 주의 뜻이 무엇인가 이해하라. 술 취하지 말라, 이는 방탕한 것이니 오직 성령으로 충만함을 받으라."(엡 5:16~18)

내가 100권이 넘는 책을 써내니까 사람들이 물었습니다.

"정말 대단하시군요. 하루 종일 책만 쓰시나 봐요."

아닙니다. 나는 하루에 한 시간 정도 책을 씁니다. 그렇지 않은 날도 많습니다. 물론 어떤 날은 하루에 몇 시간 연달아 책을 씁니다.

내가 이렇게 많은 책을 써낼 수 있었던 비결은 무엇일까요?

꼭 해야 할 일이 아닌 것은 하지 않는다는 것입니다.

인생은 짧고 모든 사람에게 한번뿐입니다. 그런 소중한 인생에 내가 무엇을 꼭 해야 할지, 무엇을 하지 말아야 할지를 분별하는 것은 매우 중요합니다. 성령님께 두 가지를 여쭈어 보세요.

"성령님, 제가 무엇을 꼭 해야 할까요?"

"성령님, 제가 무엇을 하지 말아야 할까요?"

그리고 자기 일에 충실하고 분주하게 돌아다니지 말아야 합니다.

나의 하루 일과는 단순합니다. 아침에 일어나면 성령님께 인사하고 하루를 출발합니다. "성령님, 안녕하세요? 사랑합니다. 감사합니다. 행복합니다. 오늘도 거룩한 삶을 살게 해주세요. 책을 쓰게 해주세요. 전도할 문을 열어 주세요"라며 몇 마디를 중얼거립니다.

그리고 카페에 가서 한 시간 정도 혼자 조용히 앉아 성경과 책을 읽으면서 깨달음을 얻습니다. 이때 성령님께서 내 눈을 열어 예수님에 대해 알게 해주십니다. 내 안에 실제로 살아 계신 예수님을 알면 알수록 내 눈시울은 더욱 뜨거워집니다.

"예수님, 사랑합니다."

그 후에 교회에 가서 오전에 몇 시간 기도합니다. 한 시간, 두 시간, 세 시간, 계속 기도하면서 시간을 흘려보냅니다.

"그 시간이 아깝지 않나요?"

기도가 끝나면 아무것도 남지 않은 것 같습니다. 기도의 결과는 금방 눈에 보이지 않기 때문입니다. 기도의 결과는 무엇일까요? 더 큰 능력을 받고 더 많은 소원이 이루어지는 것일까요? 물론 그런 것도 필요하겠지만 나는 30년간 기도 생활을 하면서 꼭 그런 게 아님을 깨달았습니다. 기도는 기도 자체에 가장 큰 영광이 있습니다.

"기도는 만왕의 왕이신 하나님을 대면하며 그분과 함께 시간을 보내는 것이다. 이러한 영적인 만남과 친교의 시간보다 더 소중하고 값지고 영광스러운 시간은 없다. 기도 시간은 1분도 귀하다."

기도 시간을 통해 꼭 눈에 보이는 뭔가를 얻어야 하는 것이 아닙니다. 기도는 보이지 않는 하나님 곧 영이신 하나님과 교제하는 시간입니다. 그렇게 한나절을 보낸다는 것은 정말 귀합니다. 당신도 한나절 또는 하루 종일 기도하며 시간을 보내기 바랍니다.

그런 다음 나는 집으로 와서 한두 시간 정도 책을 씁니다. 책을 쓰다가 허리와 어깨가 좀 굳어지면 일어나서 밖에 나가 달리기를 합니다. 하루에 5킬로미터 또는 10~15킬로미터를 달립니다. 땀에 흠뻑 젖어 돌아오면 샤워를 합니다. 그리고 아내와 산책하다가 오후에 또 아내와 함께 교회에 가서 기도합니다. 나의 하루는 책 읽기, 기도하기, 책 쓰기, 달리기, 산책하기, 잠자기, 이렇게 단순합니다.

당신도 한 분야에서 전문가가 되고 크게 성공하고 싶다면 생활을 단순화시켜야 합니다. 꼭 해야 할 것만 하고 그렇지 않은 것은 모두 미워해야 합니다. 예수님을 따르는 것도 이와 같습니다. 꼭 해야 할 것만 하겠다고 작정하고 다른 것은 미워해야 합니다.

"무릇 내게 오는 자가 자기 부모와 처자와 형제와 자매와 더욱이 자기 목숨까지 미워하지 아니하면 능히 내 제자가 되지 못하고 누구든지 자기 십자가를 지고 나를 따르지 않는 자도 능히 내 제자가 되지 못하리라."(눅 14:26~27)

미워한다는 것은 '의도적으로 밀어낸다'는 의미입니다. 인생은 끌어당기는 것만 중요한 것이 아니라 밀어내는 것도 중요합니다.

"하고 싶은 일이 많은데, 다 해보는 것이 좋지 않을까요?"라고 말하는 사람이 있습니다. 그렇게 다 해 봤자 별거 없습니다. 솔로몬은 이것저것 다 해보았는데 다 헛되고 헛되다는 결론을 내렸습니다.

"나는 내 마음에 이르기를 '자, 내가 시험 삼아 너를 즐겁게 하리니 너는 낙을 누리라' 하였으나 보라 이것도 헛되도다. 내가 웃음에 관하여 말하여 이르기를 '그것은 미친 것이라' 하였고 희락에 대하여 이르기를 '이것이 무슨 소용이 있는가?' 하였노라. 내가 내 마음으로 깊이 생각하기를 '내가 어떻게 하여야 내 마음을 지혜로 다스리면서 술로 내 육신을 즐겁게 할까? 또 내가 어떻게 하여야 천하의 인생들이 그들의 인생을 살아가는 동안 어떤 것이 선한 일인지를 알아볼 때까지 내 어리석음을 꼭 붙잡아 둘까?' 하여 나의 사업을 크게 하였노라. 내가 나를 위하여 집들을 짓고 포도원을 일구며 여러 동산과 과원을 만들고 그 가운데에 각종 과목을 심었으며 나를 위하여 수목을 기르는 삼림에 물을 주기 위하여 못들을 팠으며 남녀 노비들을 사기도 하였고 나를 위하여 집에서 종들을 낳기도 하였으며 나보다 먼저 예루살렘에 있던 모든 자들보다도 내가 소와 양 떼의 소유를 더 많이 가졌으며 은 금과 왕들이 소유한 보배와 여러 지방의 보배를 나를 위하여 쌓고 또 노래하는 남녀들과 인생들이 기뻐하는 처첩들을 많이 두었노라. 내가 이같이 창성하여 나보다 먼저 예루살렘에 있던 모든 자들보다 더 창성하니 내 지혜도 내게 여전하도다. 무엇이든지 내 눈이 원하는 것을 내가 금하지 아니하며 무엇이든지 내 마음이 즐거워하는 것을 내가 막지 아니하였으니 이는 나의 모든 수고를 내 마음이 기뻐하였음이라. 이것이 나의 모든 수고로 말미암아 얻은 몫이로다. 그 후에 내가 생각해 본즉 내 손으로 한 모든 일과 내가 수고한 모든 것이 다 헛되어 바람을 잡는 것이며 해 아래에서 무익한 것이로다.”(전 2:1~11)

꼭 해야 할 일만 하며 하나님을 경외하는 것이 지혜입니다.

여덟째, 꼭 필요한 만남이 아니면 만나려고 애쓰지 마십시오.

나는 사람을 많이 좋아하는 편입니다. 그래서 산책을 해도 사람들이 북적대는 곳으로 가려고 하는데 아내는 나와 반대로 가급적이면 조용하고 한적한 공원으로 산책하자고 말합니다. 내가 사람을 좋아하다 보니 꼭 필요하지 않은 만남인데도 가려고 애썼고 그로 인해 자꾸 문제가 생기자 성령님께서 그러지 말라고 하셨습니다.

“어떤 사람을 만나거나 어떤 모임에 갈 때는 내게 물어라.”

당신은 혹시 육신의 생각을 따라 조급하게 움직이며 아무 사람이나 만나지 않습니까? 육신의 생각은 사망이요 하나님을 기쁘시게 할 수 없고 하나님과 원수가 됩니다. 그런 육신의 생각을 따라 사람을 만나러 돌아다니지 말아야 합니다. 누군가 만나고 싶다고 연락이 와서 그를 만나러 갔다 오면 한나절 또는 하루가 금방 지나갑니다. 그러면 하나님이 시키는 정말 중요한 일을 할 수 없게 됩니다.

내가 지금까지 많은 책을 써낼 수 있었던 것은 사람들을 만나러 돌아다니지 않았기 때문입니다. 나는 하나님 앞에서 혼자만의 조용한 시간을 가지며 책을 읽고 깨달음을 얻은 후에 책을 썼습니다. 혼자 조용히 산책하고 기도했습니다. 그 결과 엄청난 집중력과 몰입력을 발휘해 보통 사람보다 더 많은 일을 할 수 있었습니다.

"그러면 아무도 만나지 말아야 하나요?"

성령님께서 만나라고 하는 사람만 만나면 됩니다. 나는 사람들을 만날 때, 모임에 갈 때 성령님께 묻고 그분의 세미한 음성에 귀를 기울입니다. 그분이 내 인생과 시간의 주인이시기 때문입니다. 그리고 성령님이 만나라고 지시하시는 사람을 만나 복음을 전합니다.

나는 매일 아침 성령님께 이렇게 도움을 구합니다.

"성령님, 오늘도 전도할 문을 열어 주세요. 오늘도 모든 모임과 만남에서 예수님 이야기만 하게 해주세요."

그러면 성령님께서 전도할 문을 열어 주십니다.

나는 모든 사람에게 주 예수의 이름을 전합니다.

아홉째, 꼭 암기하지 않아도 되는 잡다한 지식입니다.

나는 신학대학원에 입학시험을 칠 때 성경, 철학, 영어, 논문 등의 과목을 공부해야 했습니다. 하나님의 종으로서의 길을 가는 것이니 하나님의 말씀에 대해 전문가가 되어야 하므로 성경을 공부하고 시험 치는 것은 당연하다고 생각했습니다. 논문도 사회 문제에 대한 내 견해를 정리해서 표현하는 것이므로 어느 정도 실력이 있어야 하겠지요. 하지만 철학과 영어는 왜 공부해서 시험을 쳐야 하는지 이해가 안 되었습니다. 영어를 잘해야 고상하고 수준 높은 지성인이 된다고요? 철학을 알아야 내게 맡겨진 성도들의 인생에 대해 안다고요? 과연 그럴까요? 아닙니다. 영어는 외국인들과 의사소통을 하기 위해 필요한 것이며, 인생이 무엇인지에 대해서는 성경이 잘 이야기하고 있습니다. 바울은 이런 것을 배설물로 여겼습니다. 그런데 신학대학원에 입학하는 학생들에게 그런 것부터 가득 채우게 하면 그것을 다 토설하는데 수십 년의 시간이 걸립니다. 그래서 수많은 목회자들이 그리스도의 피로 값 주고 산 하나님의 교회의 강단에서 세상 뉴스와 철학 이야기, 일본식과 한국식 발음으로 영어 단어와 명언을 떠벌리는 미련한 짓을 하고 있는 것입니다.

어쨌든 나도 목사가 되려면 교단에서 정한 시험을 치고 합격해야 했기 때문에 그런 과목들을 공부하기 시작했습니다. 하지만 많은 학생들이 신학대학원 준비로 몇 년을 공부했는데, 나는 하나님께서 2주 동안만 공부하게 하셨고 일주일 만에 수백 명의 철학자 이름과 그들의 핵심 철학을 정리하고 요약한 것을 달달 외웠습니다. 시험 공부는 대충하면 답을 못 써넣기 때문에 나는 완벽하게 외웠습니다.

그때 나는 성령님께 도움을 구하며 공부했습니다. 시험에 나오지 않을 잡다한 내용은 찢어서 쓰레기통에 버리고 남은 것만 달달 외웠습니다. 그렇게 2주 동안 공부한 결과 나는 합격했습니다.

그런데 몇 명의 친구들은 2년, 3년 동안 공부했지만 떨어졌습니다. 내가 합격한 이유는 꼭 필요한 것만 암기했기 때문입니다. 그리고 난 후에는 철학 지식은 모두 반납하고 잊어버리기로 했습니다.

나는 성령님의 인도하심을 따라 오직 예수 그리스도와 그가 십자가에 못 박히신 것 외에는 아무것도 알지 않기로 작정했습니다.

성경은 '철학'에 대해 이렇게 말씀합니다.

"누가 철학이나 헛된 속임수로 여러분을 노획물로 삼을까 조심하십시오. 그런 것은 사람들의 전통과 세상의 유치한 원리를 따라 하는 것이요 그리스도를 따라 하는 것이 아닙니다."(골 2:8, 새번역)

기억력이 좋다고 철학의 헛된 속임수를 다 외우려고 하지 마십시오. 이것은 사람의 전통과 세상의 초등학문을 따름이요 그리스도를 따름이 아닙니다. 사람의 전통과 세상의 초등학문을 달달 외우고 그것을 대단한 지식인 양 강단에서 떠드는 목회자들이 많습니다. 그들은 철학과 헛된 속임수로 성도들을 사로잡으려고 애쓰는 것입니다. 불쌍한 양떼들은 아무것도 모르고 따라갑니다.

"소크라테스, 아리스토텔레스, 플라톤이 말하길……."

제발 교회에서 그런 설교를 하지 말아야 합니다. 내가 20대에 대학교 도서관에서 공부하다가 수요일에는 캠퍼스 부근의 교회에 가서 예배한 적이 있습니다. 그때 목사님은 '예수 그리스도와 그가 십자가에 못 박히신 것'만 빼고 다 이야기하는 것 같았습니다.

"왜 목사님이 강단에서 예수님을 전하지 않는 걸까?"

나는 예수님에 대해 너무 알고 싶었는데, 그분의 설교에는 예수님이 없었습니다. 당신은 혹시 그런 교회에 다니고 있지 않습니까?

왜 그럴까요? 잡다한 지식은 많지만 하나님의 지혜가 없어서 그렇습니다. 하나님의 지혜는 '오직 예수 그리스도'입니다.

예수 그리스도는 전 세계 80억 모든 사람을 구원하는 하나님의 유일한 지혜와 능력입니다. 80억의 영혼을 구원하기 위해 80억 가지 지혜와 능력이 필요한 것이 아닙니다. 사도 바울은 고린도 교인들에게 "십자가에 못 박힌 그리스도가 지혜다"라고 말했습니다.

"유대인은 표적을 구하고 헬라인은 지혜를 찾으나 우리는 십자가에 못 박힌 그리스도를 전하니 유대인에게는 거리끼는 것이요 이방인에게는 미련한 것이로되 오직 부르심을 받은 자들에게는 유대인이나 헬라인이나 그리스도는 하나님의 능력이요 하나님의 지혜니라."(고전 1:21~24)

기억력을 통해 얻는 지식보다 더 중요한 것이 지혜입니다.

지혜는 한번뿐인 소중한 인생에 있어서 무엇을 기억하고 기억하지 말아야 할지를 명확히 알게 합니다. 지혜가 있어야 성공합니다.

당신이 하나님 앞에서 신학을 공부할 때, 하나님의 종으로 인정받으려면 꼭 암기하지 않아도 되는 지식들을 책에서 뜯어내어 쓰레기통에 버리는 작업부터 해야 합니다. 그리고 꼭 필요한 것 곧 예수 그리스도 복음에 대한 말씀만 정립하고 암기해야 합니다.

"그래도 은과 금을 얻기 위해 필요한 내용인데요."

하나님의 말씀은 은과 금보다 억만 배나 더 귀한 것입니다.

은과 금을 얻기 위해 공부하고 좇아가면 오히려 그것이 도망가지만 하나님의 말씀을 공부하므로 지혜를 얻으면 은과 금은 저절로 따라옵니다. 인생은 오직 지혜를 통해 크게 성공하게 됩니다.

"주의 입의 법이 내게는 천천 금은보다 좋으니이다."(시 119:72)

하나님의 말씀이 있으면 빈손으로 시작해도 천천 금은을 넘치게 얻을 수 있고 많은 민족에게 꾸어 줄 정도로 큰 복을 받습니다.

"네가 네 하나님 여호와의 말씀을 삼가 듣고 내가 오늘 네게 명령하는 그의 모든 명령을 지켜 행하면 네 하나님 여호와께서 너를 세계 모든 민족 위에 뛰어나게 하실 것이라. 여호와께서 너를 위하여 하늘의 아름다운 보고를 여시사 네 땅에 때를 따라 비를 내리시고 네 손으로 하는 모든 일에 복을 주시리니 네가 많은 민족에게 꾸어 줄지라도 너는 꾸지 아니할 것이요."(신 28:1, 12)

여기에 보면 "너를 위하여"라고 했습니다. 그렇습니다.

하나님께서 당신을 위하여 하늘의 아름다운 보고를 여십니다.

당신의 땅에 때를 따라 비를 내리시고 당신의 손으로 하는 모든 일에 복을 주십니다. 당신이 많은 민족에게 꾸어 줄지라도 당신은 꾸지 아니할 것입니다. 당신은 땅이 있습니까? 당신의 손으로 매일 하는 일이 있습니까? 많은 민족에게 꾸어 줄 돈이 있습니까?

하나님이 그런 복을 주신다고 약속하셨으면 믿고 구해야 합니다.

열째, 꼭 쓰지 않아도 되는 책입니다.

책을 많이 쓰는 것은 좋지만 꼭 쓰지 않아도 되는 책까지 다 쓰려고 욕심을 부리면 안 됩니다. 그것은 정욕으로 책을 쓰는 것입니다.

하나님이 당신에게 지혜의 문을 열어 주시면, 어느 날부터 당신의 머리와 가슴에서 지혜가 폭발합니다. 그럴 때 조심해야 합니다.

"이런 책도 쓰고 저런 책도 쓰고, 다 써야지. 세상 돌아가는 것이 눈에 다 보여. 나도 이런저런 책을 다 쓸 수 있어."

그러면 크게 성공하는 것이 아니라 크게 망할 수도 있습니다.

모든 일에 자제해야 합니다. 그리고 하나님이 왜 당신에게 지혜를 주셨는지 잊지 말아야 합니다. 하나님이 당신에게 많은 지혜와 재물을 주셨을 때 어떻게 해야 할까요? 그 모든 것으로 변함없이 하나님을 경외하며 오직 복음을 전하는 일에만 써야 합니다.

"일의 결국을 다 들었으니 하나님을 경외하고 그의 명령들을 지킬지어다. 이것이 모든 사람의 본분이니라."(전 12:13)

지혜를 받은 후에도 깨어 있어라

당신이 하나님께 초자연적인 지혜를 받아 성공했다면 다음의 두 가지에 있어 항상 깨어 있어야 합니다. 무엇일까요?

첫째, 하나님을 경외하는 일에 항상 깨어 있어야 합니다.

"네가 먹어서 배부르고 아름다운 집을 짓고 거주하게 되며 또 네 소와 양이 번성하며 네 은금이 증식되며 네 소유가 다 풍부하게 될 때에 네 마음이 교만하여 네 하나님 여호와를 잊어버릴까 염려하노라. 네가 마음에 이르기를 내 능력과 내 손의 힘으로 내가 이 재물을 얻었다 말할 것이라. 네 하나님 여호와를 기억하라, 그가 네게 재물 얻을 능력을 주셨음이라."(신 8:12~14, 17~18)

둘째, 기도하고 말씀을 전하는 일에 깨어 있어야 합니다.

초대교회 사도들은 하나님께 많은 복을 받았습니다. 교회는 순식간에 성장하여 교인이 10만 명이 넘었고 재정도 풍부해졌습니다. 은혜를 받은 성도들은 자기의 소유를 자기 것이라 하지 않고 팔아서 사도들의 발 앞에 두었습니다. 갑자기 모든 것이 넘쳐 났습니다.

그런 그들이 어디에 미혹되었습니까? 예수 이름을 주던 하나님의 종들이 은과 금을 주는 사람의 종으로 바뀌고 말았으며, 하나님의 음성에 민감하던 그들이 사람들의 목소리에 민감하게 된 것입니다. 그들은 큰 혼란에 빠져 사람들로부터 원망과 불평을 들어야 했습니다. 하지만 감사하게도 즉시 어떻게 해야 할지 성령님께 도움을 구했고 그분의 인도하심을 따라 사역 방향을 바꾸었습니다.

"그 때에 제자가 더 많아졌는데 헬라파 유대인들이 자기의 과부들이 매일의 구제에 빠지므로 히브리파 사람을 원망하니 열두 사도가 모든 제자를 불러 이르되 '우리가 하나님의 말씀을 제쳐 놓고 접대를 일삼는 것이 마땅하지 아니하니 형제들아, 너희 가운데서 성령과 지혜가 충만하여 칭찬 받는 사람 일곱을 택하라. 우리가 이 일을 그들에게 맡기고 우리는 오로지 기도하는 일과 말씀 사역에 힘쓰리라' 하니……."(행 6:1~4)

하나님이 주신 지혜로 무엇을 해야 할까요?

하나님의 말씀을 전하십시오. 기도하는 일에 힘쓰십시오.

나는 매일 그렇게 하고 있습니다. 하나님께 기도해서 지혜와 물질의 복을 받았다고 금방 생각이 마구 뻗어 나가 온갖 잡다한 것에 빠지지 않도록 항상 깨어 있어야 합니다. "깨어 있으라. 내가 너희에게 하는 이 말은 모든 사람에게 하는 말이니라."(막 13:37)

당신도 정신을 차리고 깨어 있기 바랍니다.

깨어 있으려면 더 많이 기도해야 합니다.

긴장을 늦추지 말고 오래 기도하십시오.

모임에서 들러리가 된 예수 이름

사도들은 자기가 하던 구제 곧 '접대의 일'을 일곱 집사에게 위임했습니다. 그런데 그들이 무엇을 했습니까? "그들이 나가서 접대했다"가 아닌 "그들이 나가서 말씀을 전했다"고 기록되어 있습니다.

"온 무리가 이 말을 기뻐하여 믿음과 성령이 충만한 사람 스데반과 또 빌립과 브로고로와 니가노르와 디몬과 바메나와 유대교에 입교했던 안디옥 사람 니골라를 택하여 사도들 앞에 세우니 사도들이 기도하고 그들에게 안수하니라. 하나님의 말씀이 점점 왕성하여 예루살렘에 있는 제자의 수가 더 심히 많아지고 허다한 제사장의 무리도 이 도에 복종하니라. 스데반이 은혜와 권능이 충만하여 큰 기사와 표적을 민간에 행하니 이른 바 자유민들 즉 구레네인, 알렉산드리아인, 길리기아와 아시아에서 온 사람들의 회당에서 어떤 자들이 일어나 스데반과 더불어 논쟁할새 스데반이 지혜와 성령으로 말함을 그들이 능히 당하지 못하여."(행 6:5~10)

스데반이 접대하는 일을 했다면 박해를 받지 않았을 것입니다.

그는 오직 성령님과 함께 복음을 전했습니다. 예수님은 결코 제자들에게 "오직 성령이 너희에게 임하시면 너희가 권능을 받고 동서남북으로 돌아다니며 사람들을 접대하리라"고 하지 않았습니다.

사도행전 1장 8절을 자세히 보십시오. 예수님은 "오직 성령이 너희에게 임하시면 너희가 권능을 받고 예루살렘과 온 유대와 사마리아와 땅 끝까지 이르러 내 증인이 되리라"고 하셨습니다. 성령이 임한 목적은 접대가 아닌 예수의 증인이 되는 것입니다.

"그 때에 스데반의 일로 일어난 환난으로 말미암아 흩어진 자들이 베니게와 구브로와 안디옥까지 이르러 유대인에게만 말씀을 전하는데 그 중에 구브로와 구레네 몇 사람이 안디옥에 이르러 헬라인에게도 말하여 주 예수를 전파하니 주의 손이 그들과 함께 하시매 수많은 사람들이 믿고 주께 돌아오더라. 예루살렘 교회가 이 사람들의 소문을 듣고 바나바를 안디옥까지 보내니 그가 이르러 하나님의 은혜를 보고 기뻐하여 모든 사람에게 굳건한 마음으로 주와 함께 머물러 있으라 권하니 바나바는 착한 사람이요 성령과 믿음이 충만한 사람이라. 이에 큰 무리가 주께 더하여지더라."(행 11:19~24)

박해로 인해 흩어진 자들은 오직 주 예수를 전파했고 그러자 주의 손이 그들과 함께 하셨습니다. 주의 손은 권능의 나타남을 말합니다. 당신이 주 예수의 이름을 전파하면 주의 손이 함께 하십니다.

다른 것을 전하지 말고 오직 주 예수를 전하십시오.

예수 이름을 핵심 덩어리로 전하라

오늘날 교회에 왜 주의 손이 없을까요? 다른 것을 실컷 전한 후에 주 예수의 이름을 마지막에 들러리로 전하기 때문입니다. 주 예수의 이름은 결코 들러리가 아닙니다. 주님은 주체이십니다. 주 예수의 이름을 '핵심 덩어리'로 전해야 주의 손이 함께 역사합니다.

주 예수의 이름은 "주 예수 그리스도의 은혜와 하나님의 사랑과"라며 축도할 때만 쓰는 이름이 아닙니다. 기도 끝날 때 마침표를 찍는 이름도 아닙니다. 모든 설교와 사역의 주체가 되는 이름입니다. 모든 말과 행동의 주체가 되는 이름입니다. 주 예수의 이름은 몇 년 후에 사라질 대통령이나 시장의 이름보다 귀합니다. 어떤 선교사나 순교자, 총회장이나 선배 목사님들의 이름보다 귀합니다.

주 예수의 이름은 영원합니다. 하늘과 땅의 모든 권세를 가진 이름입니다. 모든 믿는 자에게 구원을 주시는 이름입니다. 죽은 자를 살리는 이름입니다. 못 걷는 자를 걷게 하는 이름입니다. 억만 가지 죄를 다 사하는 이름입니다. 하나님의 보좌에 나아가게 하는 이름입니다. 주 예수의 이름은 온 우주에서 가장 귀한 이름입니다. 요한복음 3장 16절도 중요하지만 사도행전 3장 16절도 중요합니다.

"그 이름을 믿으므로 그 이름이 너희가 보고 아는 이 사람을 성하게 하였나니 예수로 말미암아 난 믿음이 너희 모든 사람 앞에서 이같이 완전히 낫게 하였느니라."(행 3:16)

당신은 예수 이름의 권세를 아십니까?

부활하신 예수님이 제자들에게 말씀하셨습니다.

"또 이르시되 너희는 온 천하에 다니며 만민에게 복음을 전파하라. 믿고 세례를 받는 사람은 구원을 얻을 것이요 믿지 않는 사람은 정죄를 받으리라. 믿는 자들에게는 이런 표적이 따르리니 곧 그들이 내 이름으로 귀신을 쫓아내며 새 방언을 말하며 뱀을 집어올리며 무슨 독을 마실지라도 해를 받지 아니하며 병든 사람에게 손을 얹은즉 나으리라 하시더라. 주 예수께서 말씀을 마치신 후에 하늘로 올려지사 하나님 우편에 앉으시니라. 제자들이 나가 두루 전파할새 주께서 함께 역사하사 그 따르는 표적으로 말씀을 확실히 증

언하시니라.”(막 16:15~20)

예수 이름을 믿을 때 구원받습니다. 예수 이름으로 귀신이 쫓겨 나갑니다. 예수 이름으로 새 방언을 말하게 됩니다. 예수 이름으로 뱀을 집어 올립니다. 예수 이름으로 무슨 독을 마실지라도 해를 받지 않습니다. 예수 이름으로 병든 사람에게 손을 얹으면 낫습니다.

예수의 이름을 믿으십시오. 예수의 이름을 전하십시오.

주 예수의 이름을 사용하십시오. 그 이름에 능력이 있습니다.

“주 예수의 이름으로 담대히 말하니라.”(행 9:29)

나는 너를 밥 사는 자로 세우지 않았다

당신은 주 예수의 이름으로 담대히 말하고 있습니까?

혹시 주 예수의 이름을 주기보다 밥 사주는 것을 더 좋아하지는 않습니까? 나도 그런 적이 있었는데 지금은 돌이켰습니다.

하루는 시골에서 올라와 명절을 혼자 보내야 하는 몇 명의 청년들을 보면서 안타까운 마음이 들어 그들을 위해 식당에 데려가 밥을 사주려고 했습니다. 그러자 주님께서 이렇게 말씀하셨습니다.

‘누가 너를 밥 사주는 자로 불러 세웠느냐? 나는 그렇게 한 적이 없다. 나는 너를 예수 이름을 주는 자로 불러 세웠다. 너는 왜 그들에게 주 예수의 이름이 아닌 밥을 주려고 하느냐? 그들에게 밥이나 은과 금이 아닌 주 예수 이름을 주어라. 그것이 그들에게 진정으로 필요한 것이다. 나는 이것을 위해 너를 불러 세웠다.’

나는 깜짝 놀랐고 즉시 회개했습니다.

하나님은 당신을 밥 사주는 자로 불러 세우지 않았습니다.

하나님은 당신을 표 끊어주는 자로 불러 세우지 않았습니다.

하나님은 당신을 은금 주는 자로 불러 세우지 않았습니다.

하나님은 당신을 '주 예수의 이름을 전하는 자'로 불러 세우셨습니다. 만약 그런 접대의 일을 해야 한다면 성령님께 묻고 그분이 시킨 분량만 하십시오. 그 일에 대해 조금도 부담 갖지 마십시오.

나도 선교사님들이 오면 그분들의 필요가 무엇인지 살피고 적절하게 심깁니다. 하지만 그 이상은 10원도 하지 않습니다. 사실 그분들에게도 꼭 필요한 것은 은금이 아닌 '주 예수의 이름'입니다.

불신자와 초신자, 집사님과 장로님, 총회장과 노회장, 대형교회 목사님과 개척교회 목사님, 시골교회 목사님과 해외 선교사님, 신학생과 신학 교수님 등 모든 사람에게 필요한 것은 주 예수의 이름입니다. 그 이름을 핵심 덩어리로 전하십시오.

각종 만남과 모임에서 정치 이야기하며 싸우지 마십시오.

하나님의 종의 입에서는 대통령의 이름이 아닌 주 예수 그리스도의 이름이 나와야 합니다. 그들의 구원을 위해 기도하십시오.

모든 대통령은 우리 주 예수 그리스도의 이름을 믿음으로 구원을 받아야 합니다. 하나님은 대통령을 비판하라고 당신을 부르신 것이 아니며, 그들의 구원을 위해 기도하라고 당신을 부르셨습니다.

"그러므로 내가 첫째로 권하노니 모든 사람을 위하여 간구와 기도와 도고와 감사를 하되 임금들과 높은 지위에 있는 모든 사람을 위하여 하라. 이는 우리가 모든 경건과 단정한 중에 고요하고 평안한 생활을 하려 함이니라. 이것이 우리 구주 하나님 앞에 선하고 받으실만한 것이니 하나님은 모든 사람이 구원을 받으며 진리를 아는 데 이르기를 원하시느니라. 하나님은 한 분이시요 또 하나님과 사람 사이에 중보도 한 분이시니 곧 사람이신 그리스도 예수라. 그가 모든 사람을 위하여 자기를 속전으로 주셨으니 기약이 이르면 증거할 것이라. 이를 위하여 내가 전파하는 자와 사도로 세움을 입은 것은 참말이요 거짓말이 아니니 믿음과 진리 안에서 내가 이방인의 스승이 되었노라. 그러므로 각처에서 남자들이 분노와 다툼이 없이 거룩한 손을 들어 기도하기를 원하노라."(딤전 2:1~8)

주님께서 당신에게 말씀하십니다.

"대통령의 이름이 아닌 주 예수 그리스도의 이름을 말하라."

모든 만남과 모임에서 주 예수 그리스도의 이름을 말하십시오.

어떤 사람은 짜증내며 이렇게 말할 것입니다.

"김열방 목사님은 너무 지나쳐. 어떻게 모든 만남과 모임에서 예수님 이야기만 해. 그런 건 성경공부 시간에만 하면 돼. 다른 곳에서는 정치 이야기, 연예인 이야기, 사업가 이야기도 해야지. 음담패설도 좀 하고 그래야 인간 냄새가 나고 두루두루 품을 수 있지."

복 있는 사람은 그런 오만한 자의 자리에 앉지 않습니다.

내 안에 계신 성령님은 그런 세상 이야기보다 오직 예수님 이야기하기를 원하십니다. 어떤 곳은 목사님, 장로님, 집사님들끼리 모였는데도 예수님 이야기를 하면 이상한 사람 취급받습니다.

'별종이야. 자기만 거룩한가?'

'그래, 나는 하나님께 구별된 별종이다'라고 생각하며, 구별된 별

종으로 거룩하게 사는 것을 기뻐하고 즐거워하십시오.

예수 이름을 꺼내지 않고 대통령과 연예인 이름을 꺼내야만 좋은 사람으로 인정받을까요? 그렇게 사람들 앞에서 인정받는 '좋은 사람' 되려고 하지 말고 하나님 앞에서 인정받는 '주의 종'이 되십시오.

"아들아, 너는 오직 주 예수 그리스도의 이름을 전하는 주의 종이 되라. 사람의 영광을 구하지 말고 하나님의 영광만 구하라."

어떤 사람은 은금을 얻기 위해 나를 찾아옵니다. 보증금 300만 원에 월세 30만 원을 내면서 지하에 살 때도 내가 엄청 부요해 보였는지, 사람들은 내게 지혜가 아닌 돈을 얻으려고 왔습니다.

나는 그들에게 지혜를 주었습니다, 지혜는 무엇일까요? 주 예수 그리스도의 이름입니다. 나는 평생 주 예수 그리스도의 이름을 붙들고 만왕의 왕이신 하나님의 자녀로서 부요 믿음으로 살았고 그 결과 실제로 부요해졌습니다. 나의 진짜 재산은 은금이 아닌 주 예수 그리스도의 이름입니다. 그 이름이 내 영혼과 내 삶과 내 가정을 구원했습니다. 당신도 주 예수의 이름을 믿고 자랑하십시오. "주 예수를 믿으라. 그리하면 너와 네 집이 구원을 받으리라."(행 16:31)

하나님의 부르심이 아닌 일에 발을 들이거나 빠져들면 안 됩니다. 처음에 한 번 시도한 것이 두 번, 세 번으로 계속 이어지고 나중에는 그 일에 푹 빠지게 됩니다. 초대교회의 사도들이 그랬습니다.

어떤 일이든 한 번 시작하면 거기에서 빠져나오기 힘듭니다. 사도들은 자기들이 시작한 접대의 일을 멈추지 못하고 집사들에게 물려주었습니다. 하지만 그 집사들에게도 접대하는 일은 성령이 임한 목적과 달랐기 때문에 하나님은 큰 박해를 통해 그들을 모두 흩으셨습니다. 그들은 흩어져서 주 예수의 이름을 전했습니다.

빌립 집사가 무엇을 했습니다. 접대가 아닌 전도입니다.

"그 날에 예루살렘에 있는 교회에 큰 박해가 있어 사도 외에는 다 유대와 사마리아 모든 땅으로 흩어지니라. 경건한 사람들이 스데반을 장사하고 위하여 크게 울더라. 사울이 교회를 잔멸할새 각 집에 들어가 남녀를 끌어다가 옥에 넘기니라. 그 흩어진 사람들이 두루 다니며 복음의 말씀을 전할새 빌립이 사마리아 성에 내려가 그리스도를 백성에게 전파하니 무리가 빌립의 말도 듣고 행하는 표적도 보고 한마음으로 그가 하는 말을 따르더라. 많은 사람에게 붙었던 더러운 귀신들이 크게 소리를 지르며 나가고 또 많은 중풍병자와 못 걷는 사람이 나으니 그 성에 큰 기쁨이 있더라. 그 성에 시몬이라 하는 사람이 전부터 있어 마술을 행하여 사마리아 백성을 놀라게 하며 자칭 큰 자라 하니 낮은 사람부터 높은 사람까지 다 따르며 이르되 이 사람은 크다 일컫는 하나님의 능력이라 하더라. 오랫동안 그 마술에 놀랐으므로 그들이 따르더니 빌립이 '하나님 나라와 및 예수 그리스도의 이름에 관하여 전도함'을 그들이 믿고 남녀가 다 세례를 받으니 시몬도 믿고 세례를 받은 후에 전심으로 빌립을 따라다니며 그 나타나는 표적과 큰 능력을 보고 놀라니라."(행 9:1~13)

빌립 집사는 다른 잡다한 일을 하지 않고 오직 '하나님 나라와 및 예수 그리스도의 이름에 관하여' 핵심 덩어리로 전한 것입니다.

이것이 성령 받은 모든 그리스도인이 해야 할 일입니다.

성령님이 오신 목적은 '오직 전도'입니다.

오직 주 예수의 이름만 전하십시오.

부족함이 없다는 믿음을 가지라

나는 완전히 새로운 피조물이 되었다

당신은 하나님을 만난 적이 있습니까?

그분을 만났다면 어떤 변화를 얻었습니까?

나는 하나님을 만난 후로 많은 변화가 왔는데, 무엇보다 꿈과 목표가 없던 내게 꿈과 목표가 생겼습니다. 미래가 두려웠던 내가 지금은 미래를 기대하게 되었습니다. 내 힘으로 어떻게든 반드시 성공하겠다는 야망을 품었던 내가 예수 그리스도의 십자가 대속의 은혜를 깨닫고 저절로 잘되는 행복한 사람으로 바뀌었습니다.

이타적인 나의 천성이 장점인 줄도 몰랐고 빛을 발하지도 못했는데 하나님을 만난 후 그분이 태어날 때 주신 나의 모든 것을 귀히 여기게 되었고 내게는 어떤 단점도 없다는 것을 깨달았습니다.

그리고 나는 일어나 빛을 발하기 시작했습니다.

"그런즉 누구든지 그리스도 안에 있으면 새로운 피조물이라. 이전 것은 지나갔으니 보라 새것이 되었도다."(고후 5:17)

당신은 하나님을 믿고 자신이 새것이 되었음을 믿습니까? 아니면 아직도 새것임을 깨닫지 못하고 과거의 모습대로 살아가고 있습니까? 나는 하나님을 믿게 된 후로 사주팔자, 운명, 우상숭배, 나쁜 습관과 체질 등의 옛 굴레를 끊었습니다. 완전히 새로운 나로 다시 태어났습니다.

나의 존재 가치는 100조 원이 넘는다

당신의 존재 가치는 얼마라고 생각합니까?

당신의 존재 가치는 100조 원이 넘습니다. 각 사람의 몸에는 100조 개 이상의 세포가 있는데 하나에 1원이라고 해도 100조 원이며, 10원이라면 1,000조 원입니다. 당신이 이 땅에 존재하는 것만으로도 그 이상의 가치가 있다는 말입니다. 성경은 말씀합니다.

"사람이 무엇이기에 주께서 그를 생각하시며 인자가 무엇이기에 주께서 그를 돌보시나이까? 그를 하나님보다 조금 못하게 하시고 영화와 존귀로 관을 씌우셨나이다."(시 8:4~5)

한 영혼의 가치는 천하보다 귀하며, 당신은 존귀한 사람입니다.

나는 어릴 때 심장 수술을 했는데, 그로 인해 부모님의 필요 이상의 보호를 받으며 자랐습니다. 부모님께서는 혹시나 또래 아이들에 비해 뒤처질까, 어릴 때부터 여러 운동을 하게 하셨습니다.

"공부하라"는 말씀은 자주 하시지 않았지만 태권도, 검도, 합기도, 택견 등 운동 학원을 다니라는 말씀은 자주 하셨습니다. 초등학교 시절에는 등교하기 전 새벽에 아버지와 항상 등산을 다녔습니다.

어린 나이에 가기 싫다고 투정 부리거나 귀찮았을 법도 한데 나를 걱정하시는 부모님의 마음을 알고 있었기에 군말 없이 산을 올랐습니다. 그러는 동안 꽤 빨리 내면적으로 성숙했던 것 같습니다.

아버지는 매일 아침 하나의 주제를 미리 정해, 교훈이 되는 이야기를 준비해 오셨고 등산하는 가운데 들려주셨습니다. 당연하게도 아버지의 말씀이 내게 많은 영향을 미쳤고 어린 나의 내면에 자리 잡게 되었습니다. 아버지 덕에 도덕이 무엇인지 어릴 적부터 알고 있었고 그로 인해 마음에 곧은 심지가 자리 잡게 되었습니다.

주변 사람들로부터 많은 인정을 받던 아버지처럼 나 역시 바른 사람이 되었지만 한 가지 문제점이 있었습니다. 나 자신의 유일성 곧 존재 가치에 대해 몰랐던 것입니다. 내가 창조주 하나님께서 만드신 유일한 존재이고, 나를 향한 하나님의 특별한 계획이 있다는 사실을 몰랐기 때문에 내 마음속에는 말로 설명할 수 없는 허무함과 공허함이 늘 존재했습니다. 나는 생각했습니다.

'이 땅에서 나만 할 수 있는 일이 있을까?'

'나는 있어도 되고 없어도 되는 존재는 아닐까?'

그런 불확실함이 계속해서 나를 혼미하게 만들었습니다.

지금 생각해보면 나 자신이 얼마나 귀한 존재인지 아는 것이 먼저였지만 아무도 그것을 알려주지 않았습니다. 모두 귀한 존재로서 살려면 어떻게 해야 하는지, 귀한 존재처럼 보이려면 어떻게 해야 하는지에 대해서만 강조했는데, 그것은 '노동 가치'였습니다.

나는 계속 '왜?'라는 본질적인 질문에 부딪히게 되었습니다.

가장 중요한 부분인 자신의 '존재 가치'를 모르고 있었던 나는 다른 사람의 존재 가치도 몰랐고, 막연하게 나와 다른 사람들의 모든 짐을 스스로 짊어지려고만 했습니다. 예수님은 말씀하셨습니다.

"수고하고 무거운 짐 진 자들아, 다 내게로 오라. 내가 너희를 쉬게 하리라. 나는 마음이 온유하고 겸손하니 나의 멍에를 메고 내게 배우라. 그리하면 너희 마음이 쉼을 얻으리니……."(마 11:28~29)

삶의 본질로부터 오는 질문에 빠져 수많은 생각을 하던 나는 하나님을 알게 되었고 그 순간 모든 것이 한 번에 해결되었습니다.

예수님께서 내 대신 십자가에 못 박히시며 내 모든 죄와 저주, 무거운 짐을 대속하시고 죽으셨다는 사실과 부활하시어 이 세상 모든 것을 누리게 해주셨다는 복음을 알고 난 뒤, 나는 완전히 새롭게 태어났습니다. 나는 내가 왜 존재하는가에 대한 해답을 얻음과 동시에 내가 새롭게 태어났다는 놀라운 사실에 사로잡혔습니다.

내가 해 왔던 반복적인 질문의 해답은 결국 예수 그리스도, 나의 하나님이었습니다. 그때부터 나는 예수의 영이신 성령님을 의지하면서 그분의 지혜로 인한 폭발적인 행복의 인생, 능력 있는 인생을 살기 시작했습니다. 이전의 무능한 나는 완전히 죽었습니다.

나는 이제 그리스도 안에서 무엇이든 할 수 있습니다.

사도 바울은 빌립보서 4장 13절에 이렇게 외쳤습니다.

"내게 능력 주시는 자 안에서 내가 모든 것을 할 수 있느니라."

나는 비교 경쟁의 대상이 아닌 유일한 존재다

당신은 어떤 정체성을 갖고 살고 있습니까?

성령님께서 내게 임하자 나의 장점과 강점이 무엇인지 모르고 혼미하게 살던 내게 "나 자신은 유일하다"는 정체성이 생겼습니다.

그리고 더 나아가 구체적인 꿈이 생기기 시작했습니다.

고등학교 시절에 전교 1등을 했지만 입시에는 실패하는 등, 끝에 가서 일이 잘 풀리지 않던 가문의 대물림과 고질적인 악습관들이 나를 괴롭혔는데, 그런 옛 모습이 이제는 완전히 사라졌습니다.

당신 인생에도 그런 좀처럼 벗어날 수 없는 지독한 운명처럼 여겨지는 것들이 있습니까? 오직 하나님만 믿고 자유하기 바랍니다. 하나님은 당신이 그런 것을 보고 믿으며 저주에 매여 살도록 창조하지 않으셨습니다.

당신은 하나님이 주시는 복을 한없이 누리며 살도록 창조된 사람입니다. 당신이 받아야 할 저주는 예수님이 십자가에서 다 속량하셨습니다. "그리스도께서 우리를 위하여 저주를 받은 바 되사 율법의 저주에서 우리를 속량하셨으니 기록된 바 나무에 달린 자마다 저주 아래에 있는 자라 하였음이라."(갈 3:13)

내가 하나님을 믿은 순간, 나 자신을 억압하던 모든 굴레가 끊어졌고 사라졌으며 그 부분을 하나님께서 좋은 것으로 대체해 주셨습니다. 당신도 이 사실을 믿기 바랍니다. 하나님은 멀리 계신 다른 누군가의 하나님이 아니라 나와 함께 계신 나의 하나님이십니다.

당신도 당신과 함께 계신 '나의 하나님'을 믿으십시오.

나는 나의 성령님과 함께 그분이 주시는 은혜로 나날이 새로운 인생을 삽니다. 그래서 마음이 행복하고 모든 것이 풍성합니다.

"그가 하는 모든 일이 다 형통하리로다."(시 1:3)

어떤 상황에서도 부족함이 없다는 믿음

당신은 부족함이 없다는 믿음을 가지고 있습니까?

나는 어떤 상황에서도 부족함이 없다고 믿고 시인합니다.

다윗은 "내게 부족함이 없다. 내 잔이 넘친다"고 노래했습니다.

나는 시편 23편을 좋아합니다. "여호와는 나의 목자시니 내게 부족함이 없으리로다. 그가 나를 푸른 풀밭에 누이시며 쉴 만한 물 가로 인도하시는도다. 내 영혼을 소생시키시고 자기 이름을 위하여 의의 길로 인도하시는도다. 내가 사망의 음침한 골짜기로 다닐지라도 해를 두려워하지 않을 것은 주께서 나와 함께 하심이라. 주의 지팡이와 막대기가 나를 안위하시나이다. 주께서 내 원수의 목전에서 내게 상을 차려 주시고 기름을 내 머리에 부으셨으니 내 잔이 넘치나이다. 내 평생에 선하심과 인자하심이 반드시 나를 따르리니 내가 여호와의 집에 영원히 살리로다."(시 23:1~6)

여호와 하나님은 곧 '나의 목자'가 되십니다.

나는 20세부터 교회를 다녔는데, 그때부터 하나님의 영이신 성령님께 사랑을 고백하는 일이 나의 일상이 되었습니다. 나는 지금도 "성령님, 사랑합니다"라고 매순간 나의 성령님께 사랑을 고백합니다. 그 고백과 함께 내가 항상 입에 두고 읊조리는 말이 하나 있는데 그것은 바로 "여호와는 나의 목자시니 내게 부족함이 없다"(시 23:1)는 말씀입니다. 처음에는 간단한 성경 구절이라도 외워 보자는 가벼운 마음에서 암송을 시작했는데, 하나님의 은혜로 인해 그것이 내 평생의 고백이 되었습니다. 인생을 살아갈 때 순간순간 부족한 현실이 보일 때마다 이 말씀을 되새겼습니다. 그러자 하나님께서는 "내게 부족함이 없다"는 말씀처럼 때마다 필요한 것을 채워주셨습니다.

또한 내가 그 말씀을 입술로 중얼거리며 시인할 때마다 하나님께서는 내 마음의 부요함을 더욱 굳건하게 하셨고 그로 인해 결국 많은 일을 해내게 하셨습니다. 나의 하나님을 찬양합니다.

이처럼 내가 하나님 말씀을 믿고 의지하며 살자, 매순간이 믿음의 여정 속에 있는 것이 보였습니다. 가족과 친척, 친구들이 갑자기 변한 나를 이상하게 여겨 질타하거나 옛날 시절로 회유하려는 시도도 자주 있었습니다. 하지만 그럴 때마다 나는 생각했습니다.

'하나님, 저는 당신만 믿습니다. 믿더라도 특출 나게 믿게 해주세요. 크게 믿겠습니다. 제가 믿는 하나님이 좋은 분이시라는 것을 모두가 알도록 제 모든 일이 다 잘되게 해주세요.'

그것은 곧 하나님만 의지하겠다는 나의 다짐이요 믿음이었습니다. 그래서인지 더욱 시편 23편 1절 말씀을 의지하며 입에 달고 살

앉던 것 같습니다. 명절이나 제사가 있을 때면 일가친척이 다 우리 집으로 모입니다. 부모님이 할머니를 모시고 살므로 인해 우리 가정이 집안의 주축이 되었기 때문입니다.

내가 하나님을 믿고 있으니 이제는 제사를 지내지 말아야겠다고 굳게 결심하고 명절 때 할머니 집으로 향했습니다. 방언으로 기도하며 성령님께 계속 도움을 구하며 걸어갔습니다.

모든 집안 어른이 계신 자리에서 "절을 하지 않겠습니다"라고 말하는 것이 그 당시 내게는 참으로 큰일처럼 느껴졌기 때문입니다. 그날 놀랍게도 성령님께서 친척들의 마음을 만지시므로 절하지 않고도 아무 탈 없이 지나갔습니다.

이것은 아주 작은 일에 불과하나 하나님께서는 내게 그와 같은 믿음의 일을 계속 하게 해주셨고 내 입에서 "부족함이 없다"는 고백이 끊이지 않게 하셨습니다. 내가 성령님을 모시고 행하는 삶을 살 때, 그분이 내가 겪는 새로운 일들을 모두 승리로 이끄시고 나를 말씀의 증인이 되게 하심에 정말 감사합니다.

이렇듯 아무것도 가진 것 없던 내게 하나님이 전부가 되셨고, 그런 나의 믿음에 대해 모든 것을 가진 그분이 역사하시고 순간마다 어려움을 이겨내게 하셨습니다. 그리고 가장 놀라운 기적은 수많은 어려운 순간들을 겪으면서도 내 마음이 항상 행복했다는 것입니다.

우리가 현상적으로 잠시 부족함에 처할 수 있으나 시편 23편에 나오는 다윗의 고백처럼 현실의 상황과 정반대인 "부족함이 없다"는 행복한 고백을 할 수 있는 이유가 무엇입니까? 내가 처한 어떤 상황보다 크신 하나님께서 내 안에 계시고, 그분이 이미 모든 문제를 예수 그리스도를 통해 십자가에서 해결하셨기 때문입니다.

마냥 모든 일이 쉽게 풀릴 수도 있었지만, 때로는 성령님께서 내 생각과 전혀 다른 길로 인도하실 때도 있었습니다. 그러나 그 모든 과정에서 최고의 선을 이끌어 내시는 성령님의 완벽함은 내게 더욱 큰 유익이 되었습니다. 내가 마음을 다해 하나님을 굳게 믿었기 때문에 어떤 문제도 나를 흔들 수 없었고 그런 작은 것들은 그저 내 인생의 밑거름이 될 뿐이었습니다. 내 마음은 믿음으로 가득하기 때문에 "내가 지금 부딪히는 모든 어려운 상황들은 성령 안에서 시간과 공간을 초월해 이미 다 해결되었다"고 믿고 행복하게 생활합니다. 우리는 오직 믿음으로 살며 행복한 인생을 즐기면 됩니다.

하나님은 모든 것을 합력하여 선을 이루시며, 내 꿈과 소원이 가장 멋진 작품이 되게 하십니다. 그동안 하나님은 내게 많은 복을 주셨습니다. 그 모든 것을 하나님께서 내게 허락하신 이유가 있습니다. 그 모든 것이 가능했던 것은 바로 "하나님이 나의 목자다"라는 것을 믿고 늘 인정했기 때문입니다. 그렇습니다. 하나님이 나의 목자이심을 인정하면 그분은 모든 일에 부족함 없게 채우십니다. 그간의 경험을 통해 이 말씀이 역사하는 것을 수없이 봐왔습니다.

예배를 위해 지방에서 서울로 왔다 갔다 할 때 차비가 부담되었지만 나는 오직 믿음만 고백했습니다. "여호와는 나의 목자시니 내게 부족함이 없다. 나는 어떤 곳이든 자유롭게 갈 수 있어."

주님께 나를 맡기고 움직였습니다. 한 끼 식사를 위해 통장 잔고를 봐야 할 때도 동일하게 믿음의 고백을 했습니다. "여호와는 나의 목자시니 내게 부족함이 없다. 내 통장에 100억이 있어."

그리고 믿음으로 베풀었습니다. 막연했던 나의 미래가 걱정되어 잠이 오지 않을 때도 고백했습니다. "여호와는 나의 목자시니 내게 부족함이 없다. 나는 아주 큰 꿈이 있어."

그리고 꿈을 하나씩 이루었고 지금도 이루어 나가고 있습니다.

세상과 대적해야 하나 용기가 나지 않을 때도 고백했습니다.

"여호와는 나의 목자시니 내게 부족함이 없다. 이미 이겼어."

그리고 하나님과 반대되는 것에 타협하지 않았습니다.

당신에게는 어떤 부족함이 있습니까? "부족하지 않다"고 고백하십시오. 하나님 안에서 부족함이 없다는 그 고백들로 인해 순간순간 나의 모든 것이 넘치게 채워졌다는 사실이 참으로 놀랍습니다. 이제는 각종 문제들을 부담 없이 감당할 만큼 내 믿음이 강해졌고 또 내 삶도 풍성해졌음에 하나님께 감사드립니다.

지금 책을 쓰고 있는 이 순간도 고백합니다.

"성령님, 저는 어떠한 부족함도 없습니다. 사랑합니다."

말씀 한 구절을 깨닫는 것은 평생 마실 수 있는 우물을 가진 것이다

당신은 하나님의 말씀 한 구절로도 평생을 살아갈 수 있다는 사실을 알고 있습니까? 그 만큼 하나님의 말씀에는 큰 능력이 있습니다. 이제는 하나님의 말씀 한 구절이 내 내면의 무한한 우물이 되어 평생 어떤 상황이 오더라도 마실 수 있는 샘물이 되었습니다.

당신도 말씀을 의지하며 말씀대로 살기 바랍니다.

시편 기자는 하나님의 말씀에 권능이 있다고 고백합니다.

"여호와여, 주의 말씀대로 주의 인자하심과 주의 구원을 내게 임하게 하소서. 그리하시면 내가 나를 비방하는 자들에게 대답할 말이 있사오리니 내가 주의 말씀을 의지함이니이다. 진리의 말씀이 내 입에서 조금도 떠나지 말게 하소서. 내가 주의 규례를 바랐음이니이다. 내가 주의 율법을 항상 지키리이다. 영원히 지키리이다. 내가 주의 법도들을 구하였사오니 자유롭게 걸어갈 것이오며 또 왕들 앞에서 주의 교훈들을 말할 때에 수치를 당하지 아니하겠사오며 내가 사랑하는 주의 계명들을 스스로 즐거워하며 또 내가 사랑하는 주의 계명들을 향하여 내 손을 들고 주의 율례들을 작은 소리로 읊조리리이다. 주의 종에게 하신 말씀을 기억하소서. 주께서 내게 소망을 가지게 하셨나이다. 이 말씀은 나의 고난 중의 위로라. 주의 말씀이 나를 살리셨기 때문이니이다."(시 119:41~50)

주님의 말씀은 나의 위로입니다. 당신도 말씀 속에서 참된 힘을 얻고 승리하기 바랍니다.

큰 믿음은 조금도 의심하지 않는 것이다

당신은 하나님께 믿음으로 구하고 조금도 의심하지 않는 사람입니까? 아니면 당신이 구한 것을 의심하는 사람, 마치 바람이 불 때마다 요동하는 바다 물결 같은 사람입니까? 야고보 사도는 "오직 믿음으로 구하고 조금도 의심하지 말라. 의심하는 자는 마치 바람에 밀려 요동하는 바다 물결 같다"(약 1:6)고 말했습니다.

나는 한 번 믿음으로 구한 것은 의심하지 않고 또 의식적으로 의심하지 않으려고 결심합니다. "나는 의심하지 않겠다."

예전에는 항상 의심하므로 나 자신을 제한하며 살았습니다.

내가 원하는 것임에도 불구하고 "내가 그런 것을 해도 될까? 그런 꿈을 꿔도 될까?"라며 어떤 일을 시작하기도 전에 습관적으로 나를 의심했습니다. 그런 습관은 처음 교회를 다닐 때부터 있었습니다. "과연 내가 지금 원하는 것이 하나님께서 원하는 것일까? 하나님께 구했으니 이루어져야 하는데 왜 빨리 이루어지지 않을까?"라고 질문하며 의심하고 또 의심했습니다.

마음속의 불신 때문에 어떤 일도 진행하지 못했고 결국 하나님께 기도드린 나의 꿈을 잠시 접어 두기로 했습니다. 그러나 "크신 하나님 안에서 그 어떤 것도 제한하지 말고 자유롭게 원하는 것을 마음껏 꿈꾸라. 한 번 기도하고 구한 것은 받은 줄로 완전히 믿으라"는 김열방 목사님의 설교 말씀에 생각을 완전히 바꾸게 되었습니다.

그것이 바로 나의 작은 믿음이 큰 믿음으로 바뀌고, 만물의 주인이신 하나님께는 내가 원하는 것이 아주 작은 것임을 깨닫게 된 계기였습니다. 나는 즉시 내가 구한 것을 의심하는 행동을 멈추었습니다. "나는 의심하지 않기로 결심했다. 나는 의심하지 않는다."

이런 결심은 매우 중요합니다. 왜일까요? 두 사람이 동행하려면 뜻이 같아야 되기 때문입니다. 하나님이 의심하지 말라고 명령하셨으면 그 명령을 받은 우리는 의심하지 않겠다고 결심해야 합니다.

"두 사람이 뜻이 같지 않은데 어찌 동행하겠느냐?"(암 3:3)

당신도 혹시 미래에 대한 불확실성 때문에 꿈을 향해 잘 달려가다가도 의심이 들고 좌절될 때가 있지 않습니까? 그럴 때면 의식적으로 의심을 지워 버리십시오. 나는 "이미 다 이루었다"고 말하며 믿음의 선포를 통해 의심이 들 때마다 그것을 물리쳤습니다. 왜냐하면 하나님께서 원하시는 축복은 의심 없는 완전한 믿음에서 오기 때문입니다. 그 믿음에 다른 불순물이 끼어서는 안 됩니다.

하나님께서는 오직 믿음으로 구하고 모든 의심을 내려놓으라고 말씀하시며, 불확실이 아닌 절대 확실을 주장하라고 요구하십니다.

사실, 그저 믿으라는 단순한 원리가 가장 완벽한 것입니다.

완전히 믿기 위해서는 어떻게 해야 할까요?

첫째, 하나님께서 이미 다 이루셨다는 사실을 믿으십시오.

"다 이루었다."(요 19:30)

둘째, 당신이 기도하고 구하는 것은 다 받았다고 믿으십시오. "그러므로 내가 너희에게 말하노니 무엇이든지 기도하고 구하는 것은 받은 줄로 믿으라. 그리하면 너희에게 그대로 되리라."(막 11:24)

이것이 하나님의 믿음이며, 이러한 믿음이 성령님을 통해 당신 안에 가득히 있습니다. 하나님은 "받은 줄로 믿으라"고 하셨습니다.

"받은 줄로 믿으라"는 것은 과정 또한 잘되고 있다는 것입니다.

내 생각처럼 되지 않더라도 하나님께서 나를 위해 만물을 움직이고 계시며 다 잘되고 있다고 믿어야 합니다. 어떤 일의 '시작' '과정' '끝' 이 모든 것이 하나님의 손바닥 안에 있습니다. 그러므로 "내 모든 꿈과 소원은 시간과 공간을 초월해서 성령 안에서 이미 다 이루었다"고 말하고 이룬 자답게 생각하고 말하고 행동하기 바랍니다.

이것이 하나님이 기뻐하시는 믿음입니다.

"믿음이 없이는 하나님을 기쁘시게 하지 못하나니 하나님께 나아가는 자는 반드시 그가 계신 것과 또한 그가 자기를 찾는 자들에게 상 주시는 이심을 믿어야 할지니라."(히 11:6)

성령님과 진정한 자유를 누리다

당신은 진정한 자유에 대해 생각해본 적이 있습니까?

그리고 현재의 당신은 자유를 누리고 있다고 생각합니까?

나는 항상 하나님 안에서 자유를 누립니다. 진정한 자유의 의미를 아는 것이 지혜입니다. 성령님께서 깨닫게 하신 진정한 자유의 의미는 무엇일까요? 성령 안에서 마음껏 꿈꾸며 하나님께 구하라는 것입니다. "하나님이 말씀하시기를, 말세에 내가 내 영을 모든 육체에 부어 주리니 너희의 자녀들은 예언할 것이요 너희의 젊은이들은 환상을 보고 너희의 늙은이들은 꿈을 꾸리라."(행 2:17)

구약 시대에는 많은 것이 제한되었습니다. 그때는 특정 인물에게만 성령이 임했고 그들은 "이것은 해도 되지만 저것은 하면 안 된다"는 말씀에 얽매여 제한된 삶을 살고 또 그렇게 사역했습니다.

그러나 지금은 그때와 다릅니다. 지금은 말세이며, 그리스도 안에서 무엇이든 꿈꾸며 온 천하 만민을 향해 나아갈 수 있는 성령님의 시대가 열렸습니다. "말세에 내가 내 영을 모든 육체에 부어 주리니"라고 했습니다. 말 그대로 모든 육체가 성령을 받게 된다는 것입니다. 그리고 성령을 받은 모든 사람이 온 천하에 다니며 만민에게 복음을 전파하기 위한 큰 꿈을 마음껏 꿀 수 있게 되었습니다.

꿈과 소원 목록을 적으면 그대로 된다

나는 꿈과 소원 목록을 적기로 했습니다.

내가 노트에 꿈을 기록하다가 꽤 많이 적은 것이 있는데, 그것은 곧 이 세상에서 나만 할 수 있는 유일한 하나님의 일에 관한 꿈이었습니다. 그 당시 나는 나를 향한 하나님의 뜻 곧 하나님께서 나를 통해 이루실 일이 분명히 있을 거라 믿었습니다. 그런 생각에 젖어 노트에 적은 여러 꿈들을 하나씩 시도해 보고 있던 때였습니다.

하루는 성령님께 여쭤어 보며 꿈 노트를 펼쳤습니다. 깊은 생각 끝에 써내려 간 '부동산, 법률, 투자' 공부에 대한 꿈들이 노트에 즐비하였습니다. 그 꿈에 맞는 서적을 사서 공부하며 관련 자격증도 하나씩 취득했습니다. 그 꿈 중에 하나였던 법학 공부를 하다 보니 헌법 조문을 공부하게 되었는데 헌법의 여러 조문에는 인간으로서 당연히 누려야 하는 권리인 '자유'에 관한 내용이 많았습니다.

법에서 정의해 놓은 자유란 아주 명료하고 단순했습니다.

자유의 사전적 의미는 무엇일까요? '남에게 구속받거나 무엇에 얽매이지 않고 마음대로 하는 행동이나 상태'를 말합니다.

어떤 사람은 이렇게 말합니다. "나는 헌법에서 보장한 자유가 있기 때문에 술 마시며 방탕하게 살아도 돼. 나는 직업선택의 자유가 있기 때문에 주일에 출근하는 직장을 다녀도 돼."

그들은 하나님의 법을 모르고 단순하게 말하며 선택합니다.

쉽게 하나님과 반대되는 행동을 하는 것입니다. 그것은 언뜻 자유로운 인생처럼 보이지만 자신을 하나님과 멀어지게 하며 인생을 피폐하게 만들고 세월을 낭비하는 어리석은 행동입니다. 자유롭게 했던 나의 선택들로 인해 내가 원하지 않은 결과를 불러일으키는 행동이 진정한 자유라고 말할 수 있을까요? 그 끝에서 후회하고 망하게 된다면 누가 그런 선택을 지혜롭다고 말할 수 있을까요?

진정한 자유란 '하나님의 일을 하는 것'입니다.

내가 그토록 하나님께 구했던 것이 바로 이것입니다.

당신도 당신을 통해서만 하나님이 하실 수 있는 일 곧 수많은 사람들 중에 당신만이 해야 하는 하나님의 일을 찾기 위해 기도하며 시도해야 합니다. 그런 일을 할 때 비로소 진정한 자유가 빛을 발하게 됩니다. 이 세상에 무수히 많은, 온갖 할 수 있는 일 속에서 당신만이 꼭 해야 하는 그 일을 찾았기 때문입니다.

진정한 자유가 해야 한다는 의무성으로 온다는 사실이 놀랍지 않습니까? 그것이 바로 하나님의 사람으로서의 당위성이 부여된 '사명감'입니다. 나는 처음에 막연하게 구했던 꿈과는 달리 이제는 내 안에 하나님의 일을 해야 한다는 당위성 또는 사명감이 자리 잡게 되었고 그 일을 위해 계속 진행하고 있습니다.

자녀에게 공부하라고 잔소리하며 억지로 시키지 않아도, 왜 공부해야 하는가를 알게 되면 아이는 저절로 열심히 공부하게 됩니다.

이처럼 하나님께서 나를 통해 이루실 일에 대한 사명감은 스스로 넘치도록 일하게 합니다. 당신이 어떤 일을 해야 하는지 성령님께 물어보십시오. 진정한 자유를 발휘할 당신만의 일을 찾으십시오.

믿음으로 구하고 찾고 두드리십시오. 그리고 그것을 찾았다면 어떤 어려움이 있어도 포기하지 말고 끝까지 하십시오.

멀지 않은 곳에 그런 일들이 많습니다. 그 중에 첫째는 전도하는 일입니다. 하나님께서 태어날 때부터 만남을 지어 주신 가족, 그리고 살아가면서 하나님이 보내 주셔서 만나게 하신 친구들에게 복음을 전하는 사람이 되어야 합니다. "그들을 화평하게 하고 사랑하라"는 말씀대로 그들을 위해 기도하고 전도해야 합니다.

또한 하나님께서는 사람마다 각기 다른 상황에서 그분의 뜻을 이루도록 특정 분야를 주셨으므로 그 분야에서 천재적인 재능을 발휘하며 일하면 됩니다. 죄를 짓는 것만 아니면 어떤 것도 제한하지 말고 하나님 안에서 자유를 누리고 꿈을 이루며 행복하게 살아가십시오. 이 말씀으로 당신을 축복하고자 합니다.

"네 마음의 소원대로 허락하시고 네 모든 계획을 이루어 주시기를 원하노라."(시 20:4)

나는 천재다. 당신도 천재다

당신은 자신이 천재임을 알고 있습니까? 혹시 천재임을 깨닫지 못하고 '나는 왜 이것 밖에 못할까?'라며 자책하지 않습니까?

나는 예수님이 다 이루었다고 하신 말씀을 믿기에, 또한 나 자신이 그리스도 안에서 천재라는 사실을 믿습니다.

자신의 천재성을 발견하면 거기에서 꾸준함이 나옵니다.

어떤 일이든 꾸준히 하는 것이 성공의 기본적인 비결입니다.

복음을 알게 된 후로 내가 지금까지 꾸준히 해오는 게 있습니다. 바로 '꿈 노트'를 쓰는 것입니다. 하나님은 막연한 분이 아닙니다. 그분은 천지 만물을 창조하실 때 마음에 구체적인 그림을 그리셨고 그것을 입술로 말씀하심으로 하나씩 이루셨습니다.

우리도 하나님의 형상을 따라 지음 받았기 때문에 하나님처럼 구체적으로 꿈꾸며 그것을 마음에 생각해야 합니다. 인생은 생각한 대로 이뤄집니다. 잠언 23장 7절에 "대저 그 마음의 생각이 어떠하면 그 위인도 그러한즉"이라고 했기 때문입니다.

당신도 구체적인 꿈과 소원을 공책에 적기 바랍니다. 그리고 믿음으로 기도하십시오. 예수님이 말씀하셨습니다. "내가 진실로 진실로 너희에게 이르노니 나를 믿는 자는 내가 하는 일을 그도 할 것이요 또한 그보다 큰 일도 하리니 이는 내가 아버지께로 감이라. 너희가 내 이름으로 무엇을 구하든지 내가 행하리니 이는 아버지로 하여금 아들로 말미암아 영광을 받으시게 하려 함이라. 내 이름으로 무엇이든지 내게 구하면 내가 행하리라."(요 14:12~14)

인생은 꿈 꾼대로 기도한 대로 다 됩니다.

당신도 꿈꾸고 기도하기 바랍니다.

그러면 기적이 일어납니다.

당신은 하루에 몇 번 기도합니까?

쉬지 말고 기도하라

당신은 하루에 몇 번이나 기도합니까?

나는 요즘 기도의 필요성을 느낄 때마다 기도합니다.

예전에도 기도라는 것을 알았습니다. 하루에 한 번 1분 동안 나라와 민족, 사회, 가족, 개인을 위한 기도를 하는 것이었습니다.

교회에 다니던 한 친구가 기도의 장점을 말해 줬습니다.

무엇보다 기도하면 발표력이 좋아진다고 했습니다. 그래서 '아, 그런가 보다. 그런 능력이 있구나'라고 생각했지만 그 후로 기도에 대해 많은 걸 알려고 하지는 않았습니다.

교회에서 함께 "주여!" 세 번 부르고 기도했던 것과 새벽기도회에 목사님의 설교 말씀이 끝나면 집에 돌아가기 전에 잠시 기도하고 오던 것, 그리고 학생부 예배와 구역 예배. 부흥회 때 대표기도 순서가 되면 앞에 나가서 몇 마디 기도한 것이 전부였습니다.

그런데 성경은 이렇게 말씀하고 있었습니다.

"쉬지 말고 기도하라."(살전 5:17)

누구에게 하신 말씀일까요?

하나님 아버지가 그분의 자녀들에게 명령하신 것입니다.

이것이 과연 가능할까요? 그렇습니다. 충분히 가능합니다.

기도는 영혼의 호흡이요 삶의 전부입니다. 우리는 숨 쉬면서 호흡을 통해 기도하고 또 눈으로 보면서 기도하고 귀로 들으면서도 기도해야 합니다. 영으로 기도하고 마음으로 기도해야 합니다.

하나님은 그분과 대화하며 친밀하게 교통할 수 있도록 그분의 자녀에게 '기도'라는 특권을 주신 것입니다. 거룩하신 하나님께서 우리로 하여금 그분을 향해 '주'라 고백하며 무릎 꿇게 하시고, 하나님 나라와 그분의 영광을 위해 살지 못하던 우리를 그분의 백성으로 부르셨습니다. 그리고 마귀의 자식으로 우상을 숭배하던 악한 길에서 벗어나 하나님의 자녀로 그분의 보좌 앞에 나가 기도하며 그분의 뜻에 맞는 길을 걷도록 인도하신 것입니다.

왜 하필 기도를 하라고 하실까요?

'기도 응답'이라는 아름다운 열매를 맺게 하기 위함입니다.

"이와 같이 좋은 나무마다 아름다운 열매를 맺고 못된 열매를 맺을 수 없느니라. 아름다운 열매를 맺지 아니하는 나무마다 불에 찍혀 불에 던져지느니라. 이러므로 그들의 열매로 그들을 알리라."(마

7:17~20)

이 성경 구절을 보면, 하나님은 우리의 삶 속에서 기도 응답을 통해 좋은 열매를 맺게 하십니다. 기도 응답이 왜 좋은 열매일까요?

우리가 기도한 데 대해 하나님이 반응하시고 행동하신 일이기 때문입니다. 하나님이 행하신 일은 선하고 아름답고 온전합니다.

온전한 성도가 되는 것, 무엇을 먹을까 무엇을 입을까 염려하지 않는 것, 자신을 위하여 보물을 땅에 쌓아 두지 않는 것, 다른 사람의 잘못을 용서하는 것, 말씀을 듣고 행하는 사람이 되는 것, 원수를 사랑하고 축복하는 것, 이 모두 것이 기도 응답을 통해 그리스도 안에서 우리 삶에 이루어지는 거룩하고 좋은 열매입니다.

기도하지 않고 행하는 육신의 일은 아름다운 열매가 아닙니다.

그러므로 우리는 기도하므로 성령님이 일하시게 해야 합니다.

기도 응답을 통한 성령의 열매가 많이 맺히게 해야 합니다.

안 좋은 알에도 감사하는 습관을 가지라

당신은 안 좋은 일에도 감사해 본 적이 있습니까?

나는 안 좋은 일에도 감사하는 습관을 갖기로 했습니다. 잠시 안 좋았던 일들을 떠올려 보십시오. 많은 사건이 있을 것입니다.

나도 그런 사건들이 많았습니다. 그때는 나 중심의 급박한 상황이었기 때문에 감사할 마음의 여유가 없었지만 이젠 "하나님, 그때 그 사건에 대해 감사드립니다"라고 고백할 수 있게 되었습니다.

그 당시는 안 좋았던 사건으로 인해 서로의 감정이 상하고 또 서로 상처 받았지만 이젠 나를 대신해서 십자가에서 상처받으시고 피 흘리시기까지 고통당하며 죽으신 예수님으로 인하여 더 이상 상처받지 않습니다. "누구 때문에 이런 일이 생겼어"라는 원망과 불평 대신 "나와 그 사람을 위하여, 우리 모두를 위하여 하나님이 그 일을 행하셨어"라는 믿음의 고백을 합니다. 요셉도 그랬습니다.

"요셉이 그들에게 이르되 '두려워하지 마소서. 내가 하나님을 대신하리이까? 당신들은 나를 해하려 하였으나 하나님은 그것을 선으로 바꾸사 오늘과 같이 많은 백성의 생명을 구원하게 하시려 하셨나니 당신들은 두려워하지 마소서. 내가 당신들과 당신들의 자녀를 기르리이다' 하고 그들을 간곡한 말로 위로하였더라."(창 50:19~21)

그렇습니다. 어제의 내가 아닙니다. 오늘의 나는 거듭났습니다.

오직 내 안에 그리스도께서 살고 계십니다. "내가 그리스도와 함께 십자가에 못 박혔나니 그런즉 이제는 내가 사는 것이 아니요 오직 내 안에 그리스도께서 사시는 것이라. 이제 내가 육체 가운데 사는 것은 나를 사랑하사 나를 위하여 자기 자신을 버리신 하나님의 아들을 믿는 믿음 안에서 사는 것이라."(갈 2:20)

나는 이 말씀도 암송하고 있는데, 성령의 9가지 열매입니다.

"오직 성령의 열매는 사랑과 희락과 화평과 오래 참음과 자비와 양선과 충성과 온유와 절제니 이같은 것을 금지할 법이 없느니라."(갈 5:22~23)

당신이 만약 욕심에 이끌려 죄를 짓고 마귀에게 미혹되어 시험을 받았던 육신적인 그리스도인이라면 회개하고 성령님께 도움을 구하십시오. 누구누구 때문이라며 원망하지 말고 모든 것을 합력하여 선을 이루시는 하나님을 찬양하십시오. 나빴던 일만 떠올리지 말고 지난 날 하나님이 도와주신 것을 생각하며 감사하십시오.

악한 생각과 행동을 했다면 회개하고 돌이키겠다고 결단하십시오. 어제나 오늘이나 영원토록 변함이 없으신 하나님은 당신의 회개를 들으시고 너그러운 마음으로 용서하실 것입니다. "만일 우리가 우리 죄를 자백하면 그는 미쁘시고 의로우사 우리 죄를 사하시며 우리를 모든 불의에서 깨끗하게 하실 것이요."(요일 1:9)

어려운 일을 당하면 하나님이 시험하신다고 생각하지 마세요.

인생이 아니신 하나님은 악에게 시험을 받지도 아니하시고 친히 아무도 시험하지 아니 하십니다. "사람이 시험을 받을 때에 내가 하나님께 시험을 받는다 하지 말지니 하나님은 악에게 시험을 받지도 아니하시고 친히 아무도 시험하지 아니하시느니라."(약 1:13)

그러므로 주님과 함께 살면서 여러 가지 시험을 당하거든 온전히 기쁘게 여겨야 합니다. "내 형제들아, 너희가 여러 가지 시험을 당하거든 온전히 기쁘게 여기라."(약 1:2) 왜 일까요? "이는 너희 믿음의 시련이 인내를 만들어 내는 줄 너희가 앎이라"고 했습니다.

'믿음의 시련'은 무엇일까요? 기도하고 구하는 것, 꿈꾸고 소원하는 것에 대해 하나님의 믿음을 가지고 "나는 받았다. 그것을 가졌다"고 말하며 받은 줄로 믿기 때문에 그 믿음에 대해 시련이 온다는 것입니다. 아브라함과 요셉, 다윗이 그랬습니다.

아브라함은 "나는 시간과 공간을 초월해 성령 안에서 이미 하늘의 별과 같이 많은 자손을 받았다"고 믿고 말했기 때문에 엄청난 시련이 왔고 요셉은 "나는 시간과 공간을 초월해 성령 안에서 이미 형들이 엎드려 절하는 꿈이 이뤄졌다"고 믿고 말했기 때문에 엄청난 시련이 왔습니다. 다윗도 "나는 시간과 공간을 초월해 성령 안에서 이미 왕이 되었다"고 믿고 말했기 때문에 엄청난 시련이 왔습니다.

당신도 다윗처럼 어린 나이에 왕으로 기름 부으심을 받았습니까? 왕이 되었다고 믿으면 스스로 왕이 되려고 애쓰지 않아도 됩니다. 그래서 다윗은 육신의 힘으로 사울을 죽일 기회가 있었지만 그를 건드리지 않고 끝까지 참고 기다렸습니다. 당신이 기도하고 구하지 않는다면, 또 성령 안에서 많은 것을 꿈꾸고 소원하지 않는다면 믿음의 시련도 오지 않을 것입니다. 당신의 마음에 끝도 없는 고민과 갈등, 혼란과 좌절이 생기는 것은 '믿음의 시련' 때문입니다.

그럴 때 어떻게 해야 할까요? 인내를 온전히 이루어야 합니다.

"인내를 온전히 이루라. 이는 너희로 온전하고 구비하여 조금도 부족함이 없게 하려 함이라."(약 1:4)

인내는 무작정 참는 것이 아닌 '믿음의 지속성'을 의미합니다.

"기도하고 구하는 것은 받았다고 믿고 그 믿음을 지속하라."

바람이 불고 풍랑이 일어도, 모든 사람이 비난하고 욕해도 성령 안에서 모든 꿈과 소원, 기도한 것에 대해 받았다고 믿고 조금도 의심하지 말아야 하며 변함없이 하나님을 경외해야 합니다.

이것이 곧 성령의 열매인 '오래 참음'입니다.

당신은 그리스도 안에서 높은 사람이다

당신은 자신의 가치를 비하하지 않습니까?

야고보 사도는 "낮은 형제는 자기의 높음을 자랑하라"(약 1:9)고 했습니다. 현실적으로 볼 때 돈, 명예, 권력, 학벌 등이 없어 낮다 할지라도 그것을 자랑하지 말고 자기의 높음을 자랑해야 합니다.

안타깝게도 낮은 사람이 자꾸 자신의 낮음을 자랑합니다.

"나는 돈이 없어요. 가난해요."

"나는 공부를 못했어요. 학벌이 없어요."

그런 식으로 낮음을 자랑하면 그 낮은 자리에서 영원히 벗어날 수 없습니다. 현실과 현상이 아닌 믿음의 말을 해야 합니다.

낮은 형제는 그리스도 안에서 그리스도와 함께 하늘에 앉혀진 자신의 모습을 보며, 그리스도 안에서 자기의 높음을 자랑해야 합니다. 우리 모두는 그리스도 안에서 이미 하늘에 앉아 있습니다.

돈, 명예, 권력, 학벌 등이 없다 할지라도 당신은 결코 낮은 사람이 아닙니다. 그리스도 안에서 자신의 정체성을 굳게 붙드십시오.

"나는 아무것도 없으니 연약하고 미련한 사람이 아닌가요?"

그렇지 않습니다. 세상에서 뭘 좀 가졌다고 온갖 자랑을 늘어놓는 사람이 있는데 그런 사람이 지혜롭거나 존귀한 사람이 아닙니다.

하나님이 보실 때는 그 모든 것이 통의 한 방울 물과 같이 작습니다. 말하기는 더디 하고 듣는 일에 힘쓰십시오.

"내 사랑하는 형제들아, 너희가 알지니 사람마다 듣기는 속히 하고, 말하기는 더디 하며, 성내기도 더디 하라"(약 1:19)

이런 사람이 어떤 모임에서든 지혜롭다고 여겨질 것입니다.

세상 잡다한 것을 말하지 말고 오직 '예수님 이야기'를 하십시오.

천 마디, 만 마디를 하더라도 세상 이야기, 육신의 이야기를 하는 사람은 미련한 사람으로 여겨질 것이며 한 마디를 하더라도 예수님 이야기를 하는 사람은 지혜로운 사람으로 여겨질 것입니다.

외모로 사람을 차별하여 대하지 말고 편안하게 대하십시오.

"내 형제들아, 영광의 주 곧 우리 주 예수 그리스도에 대한 믿음을 너희가 가졌으니 사람을 차별하여 대하지 말라."(약 2:1)

가난한 자도 존중하고 부요한 자도 존중하십시오.

"내 사랑하는 형제들아, 들을지어다. 하나님이 세상에서 가난한 자를 택하사 믿음에 부요하게 하시고 또 자기를 사랑하는 자들에게 약속하신 나라를 상속으로 받게 하지 아니하셨느냐? 너희는 도리어 가난한 자를 업신여겼도다."(약 2:5~6)

가난한 자를 업신여겨도 안 되지만, 가난에 머물러 있어도 안 됩니다. 왜일까요? 우리가 믿는 예수 그리스도가 부요하신 분이기 때문입니다. 그러므로 늘 부요 믿음으로 살며 가난을 다스려야 합니다. 예수 그리스도는 어제나 오늘이나 영원토록 부요하십니다.

부요하신 예수님이 당신 안에 살아 계십니다.

그러므로 당신은 부요한 사람입니다.

믿음은 바라는 것들의 실상이다

당신은 가난에서 벗어나는 방법을 아십니까?

나는 부요한 삶을 살기 위해 생각과 말을 바꿨습니다.

하나님은 생각하고 말씀하시는 분입니다. 그분은 빛에 대한 생각을 하셨고 "빛이 있으라"고 말씀하시므로 그 빛을 창조하셨습니다. 하나님의 형상을 닮은 우리도 부에 대한 생각을 하고 부에 대한 말을 해야 합니다. 눈에 보이는 현실을 따라 "땅이 혼돈하다. 공허하다. 흑암이 깊음 위에 있다. 힘들다"고 생각하고 말하면 안 됩니다.

창조적인 생각과 말 곧 믿음의 생각과 말을 해야 합니다. 그것은 저절로 되는 것이 아니라 마음에 작정해야 합니다. 마음에 뜻을 정하지 않은 사람을 성령님이 도와주시는 경우는 없습니다.

당신은 오직 믿음의 말만 하겠다고 결심했습니까?

나는 오직 믿음의 말을 합니다. 믿음의 말은 믿음이 있어야 하는데, 무엇을 믿어야 할까요? 복음을 믿어야 됩니다. "복음에는 하나님의 의가 나타나서 믿음으로 믿음에 이르게 하나니 기록된 바 오직 의인은 믿음으로 말미암아 살리라 함과 같으니라."(롬 1:17)

복음은 하나님의 의가 나타난 것이며, 하나님의 의는 곧 예수 그리스도를 말합니다. 그분이 우리 대신 십자가에서 피와 물을 쏟으며, 우리의 죄와 저주에 대한 값을 다 지불하고 죽으셨습니다.

예수님이 십자가에서 다 이룬 복음을 믿고 믿음의 말을 해야 하나님이 기뻐하십니다. 믿음의 주인은 하나님이십니다. 하나님은 예수 그리스도를 구주로 믿는 당신에게 그분의 믿음을 주셨습니다.

성경은 '의인의 믿음'에 대해 말씀합니다. 그리스도 안에 있는 우리는 죄인이 아니며 의인입니다. 그리스도 안에 있는 우리는 믿음으로 사는 사람들이며 눈에 보이는 것을 따라 사는 사람들이 아닙니다. 인생을 성공적으로 사는데 많은 방법이 있는 것이 아닙니다.

오직 믿음으로 살아야 합니다. 오늘도 내일도 영원히 믿음으로 살아야 합니다. 무엇을 믿어야 할까요? 내 안에 믿음의 주요 온전케 하시는 이인 예수 그리스도가 살아 계신다는 사실을 믿어야 합니다.

그분과 함께 온 천하에 다니며 만민에게 복음을 전해야 합니다.

어떤 경우에도 두려워하며 뒤로 물러가면 안 됩니다.

우리는 뒤로 물러가 멸망할 자가 아닌 큰 믿음을 가진 자입니다.

"나의 의인은 믿음으로 말미암아 살리라. 또한 뒤로 물러가면 내 마음이 그를 기뻐하지 아니하리라 하셨느니라. 우리는 뒤로 물러가 멸망할 자가 아니요 오직 영혼을 구원함에 이르는 믿음을 가진 자니라."(히 10:38~39)

부정적인 말, 의심의 말, 원망의 말, 불평의 말을 하지 마십시오.

오직 믿음의 말을 하십시오. 믿음의 말은 기적을 가져 옵니다.

아침에 눈을 뜨면 성령님께 도움을 구하세요

"성령님, 오늘도 부정적인 생각을 조금도 하지 않게 해주세요."

"성령님, 오늘도 부정적인 말, 의심의 말, 원망의 말, 불평의 말을 하지 않게 해주세요. 오직 믿음의 말만 하게 해주세요."

기도하고 구한 것을 받았다고 믿고 믿음의 말을 할 때 기적이 일어납니다. 성경에 나면서부터 못 걷게 되어 '미문'이라는 성전 문에서 구걸하던 자가 발과 발목이 힘을 얻어 성전으로 들어가 걷기도 하고 뛰기도 하며 하나님을 찬송한 이야기가 나옵니다. 사람들이 보며 놀랐던 이 사건은 베드로가 "예수 그리스도의 이름으로 일어나 걸으라" 하고 오른손을 잡아 일으키며 명령했기 때문입니다.

오늘부터 당신도 예수로 말미암아 난 믿음의 말로 온 천하보다 귀한 영혼이 구원에 이르도록 복음을 전하고 또 믿음의 말로 축복하세요. 예수를 죽은 자 가운데 살리신 하나님을 찬송합시다.

순종하는 마음으로 인도하신 하나님

당신은 순종하는 삶을 살고 있습니까?

나는 날마다 순종하는 삶을 살고 있습니다.

우리는 누구에게 순종해야 할까요? 하나님의 말씀입니다.

노아는 하나님의 말씀에 순종하여 방주를 만들었기 때문에 사십 주야 동안 비가 땅에 쏟아져 홍수로 땅을 덮을 때도 살아남을 수 있었습니다. 그는 비가 그치자 가족과 함께 방주에서 나와 950세까지 살았습니다. 아브라함도 하나님께 순종하여 사랑하는 독자 이삭을 번제로 드리기로 작정했습니다. 칼을 잡고 손을 내밀어 독자 이삭을 잡으려 할 때 멈추라는 여호와의 말씀이 들렸습니다. 그가 순종하자 하나님이 준비하신 숫양을 발견하여 그걸로 번제를 드릴 수 있었고 축복의 말씀을 선물로 받았습니다. 어떤 말씀이었나요?

"내가 네게 큰 복을 주고 네 씨가 크게 번성하여 하늘의 별과 같고 바닷가의 모래와 같게 하리니 네 씨가 그 대적의 성문을 차지하리라. 또 네 씨로 말미암아 천하 만민이 복을 받으리니 이는 네가 나의 말을 준행하였음이니라."(창 22:17~18)

빌립 집사는 성령님의 음성에 순종하여 광야로 갔고 그곳에서 선지자의 글을 읽고 있던 에디오피아 내시에게 다가가 그가 깨닫지 못한 예수를 가르쳐 복음을 믿게 하고 세례까지 받게 했습니다.

당신은 항상 순종하십니까? "자녀들아, 주 안에서 너희 부모에게 순종하라. 이것이 옳으니라"(엡 6:1)고 했는데, 여기서 "순종한다"는 말은 누군가에게 부탁이나 요청 받을 때 "네 알겠습니다"라고 대답하고 행하는 것을 말합니다. 순종의 반대말은 불순종입니다.

당신은 하나님의 음성이 들리면 어떤 대가를 치르더라도 순종합니까? 성경에는 그분의 음성에 불순종하여 사람들에게 바다에 던져져 물고기 뱃속에서 회개하며 기도했던 요나 선지자가 나옵니다.

어떻게 불순종했나요? 하나님께서 요나에게 니느웨에 가서 말씀을 선포하라고 명령하셨는데 그가 육신의 생각을 따라 다시스로 가는 배를 탔던 것입니다. 육신의 생각은 사망이며, 육신의 생각은 하나님을 기쁘시게 할 수 없고 하나님과 원수가 됩니다.

우리는 항상 두 눈을 크게 뜨고 하나님의 말씀을 명확히 보고 순종해야 합니다. "네 눈은 바로 보며 네 눈꺼풀은 네 앞을 곧게 살펴라"(잠 4:25)고 했습니다. 요나가 불순종한 것처럼 나도 불순종한 적이 많았습니다. 당신도 그런 적이 있다면 회개해야 합니다.

순종할 수 있는 힘은 누구로부터 올까요? 전능하신 성령님께로부터 옵니다. 그러므로 어떤 대가를 치르더라도 하나님의 음성에 순종하겠다고 마음으로 결심하고 또 순종할 수 있는 힘을 주시는 성령님께 도움을 구하기 바랍니다. 그러면 순종하게 됩니다.

순종이 제사보다 낫고 듣는 것이 숫양의 기름보다 낫습니다.

하나님의 음성에 거역하는 것은 점치는 죄와 같고 완고한 것은 우상에게 절하는 죄와 같습니다. "사무엘이 이르되, 여호와께서 번제와 다른 제사를 그의 목소리를 청종하는 것을 좋아하심 같이 좋아하시겠나이까? 순종이 제사보다 낫고 듣는 것이 숫양의 기름보다 나으니 이는 거역하는 것은 점치는 죄와 같고 완고한 것은 사신 우상에게 절하는 죄와 같음이라."(삼상 15:22~23)

영원히 목마르지 않는 물을 아십니까?

당신을 대신하여 목마르셨던 분을 아시나요?

나는 예수님이 나를 대신하여 목마르셨다는 것을 알고 믿습니다. 하나님의 아들이 십자가에 매달려 내 대신 목마르셨습니다.

"그 후에 예수께서 모든 일이 이미 이루어진 줄 아시고 성경을 응하게 하려 하사 이르시되 내가 목마르다 하시니……."(요 19:28)

예수님을 믿는 우리는 더 이상 목마르지 않게 되었습니다.

예수님은 죄가 없으신 의로우신 분인데, 죄인처럼 십자가에 달려 고통을 당하셨습니다. 물과 피를 흘리심으로 죽기까지 하셨지만 장사된 지 3일 만에 다시 살아나셔서 하늘로 승천하셨고 다시 이 세상에 오시겠다고 약속하셨습니다. 예수님이 오실 때까지 우리는 결코 목마르지 않습니다. 우리의 배에서 생수의 강이 흘러 나기 때문입니다. 예수님께서 제자들에게 분명히 말씀하셨습니다.

"나는 생명의 떡이니 내게 오는 자는 결코 주리지 아니할 터이요 나를 믿는 자는 영원히 목마르지 아니하리라."(요 6:35)

우리는 어떤 일에 목마르지 않아야 할까요? 먹고 마시는 일에 목마르지 않고 자유를 얻어야 합니다. 또한 돈, 명예, 권세, 학벌, 인간관계 등에서 우리를 유혹하는 것들에 목마르지 않아야 합니다.

남편 때문에 목마른 사람, 아내 때문에 목마른 사람, 부모와 자녀 때문에 목마른 사람, 친구 때문에 목마른 사람이 많습니다. 그들은 혈통과 육정과 사람의 뜻을 따라 인정과 칭찬을 받고자 목이 말라 매일 헐떡입니다. 예수님이 생수의 강으로 내 안에 넘치게 들어와 계신다는 사실을 알고 더 이상 목마르지 않아야 합니다.

예수님은 처음이며 마지막이요 죽었다가 살아나신 분이며, 목마른 자들에게 값없이 생명수 샘물을 주시는 분입니다. "또 내게 말씀하시되 이루었도다 나는 알파와 오메가요 처음과 마지막이라 내가 생명수 샘물을 목마른 자에게 값없이 주리니."(계 21:6)

어릴 적 내가 살던 집은 펌프를 통해 물을 받아 사용하던 시골집이었는데, 벼를 심는 논과 길 사이에 만들어진 우물 샘이 하나 있었습니다. 나는 그 곳에서 윗집 언니와 빨래하던 기억이 있습니다.

성경에는 야곱의 우물에서 예수님과 사마리아 여인이 만나 대화를 나눈 이야기기 나옵니다. "유대인인 당신이 왜 내게 물을 달라고 하십니까?"라고 묻는 여인에게 예수님은 이렇게 말씀하셨습니다.

"네가 만일 하나님의 선물과 또 네게 물 좀 달라 하는 이가 누구인 줄 알았더라면 네가 그에게 구하였을 것이요 그가 생수를 네게 주었으리라. 이 물을 마시는 자마다 다시 목마르려니와 내가 주는 물을 마시는 자는 영원히 목마르지 아니하리니 내가 주는 물은 그 속에서 영생하도록 솟아나는 샘물이 되리라."(요 4:10, 13~14)

여자가 놀라며 대답했습니다. "주여, 그런 물을 내게 주사 목마르지도 않고 또 여기 물 길으러 오지도 않게 하옵소서."

예수님은 그 여인에게 자신이 그리스도임을 나타내셨습니다.

예수님이 그리스도이심을 알고 믿게 되자 그녀의 배에서 생수가 터져 나왔습니다. 그 순간 그녀는 물동이를 버려두고 동네로 들어가서 그리스도를 만났다고 전했습니다. 많은 사람들이 예수님께 나아와 말씀을 듣고 그분이 세상의 구주이신 것을 알게 되었습니다.

당신도 예수님을 구주로 믿고 있습니까? 그러면 당신의 배에서 생수가 흘러나오고 있다는 사실도 믿어야 합니다. 예수님이 그녀에게 언제 어떤 방식으로 생수를 주었는지 성경은 말하지 않지만 그녀는 분명히 생수를 받았고 그 생수가 터져 나오고 있었습니다.

당신에게도 어떤 느낌과 감정이 없더라도 생수의 강이 흘러나오고 있습니다. 이것은 느낌과 감정이 아닌 영적인 사실인 것입니다.

"명절 끝날 곧 큰 날에 예수께서 서서 외쳐 이르시되 '누구든지 목마르거든 내게로 와서 마시라. 나를 믿는 자는 성경에 이름과 같이 그 배에서 생수의 강이 흘러나오리라' 하시니 이는 그를 믿는 자들이 받을 성령을 가리켜 말씀하신 것이라."(요 7:37~39)

신령한 젖을 날마다 사모하라

당신은 신령한 젖을 날마다 사모합니까?

나는 신령한 젖을 사모합니다. 신령한 젖은 '예수님의 은혜에 대한 말씀'을 가리킵니다. 예수님의 은혜는 날마다 들어도 좋습니다.

그리스도를 알기 전에는 우리 모두 죄인이었습니다. "모든 사람이 죄를 범하였으매 하나님의 영광에 이르지 못하더니"(롬 3:23)라고 말씀합니다. 죄는 하나님과 그분의 말씀을 믿지 않는 것이며, 또한 하나님이 기뻐하시지 않는 생각과 말과 행동을 하는 것입니다. 죄의 삯은 사망입니다. 모든 사람은 죄로 말미암아 하나님께 심판받고 고통스런 지옥에 갑니다. 당신은 죄 사함을 받았습니까?

사마리아는 아합 왕의 아버지가 건설한 북 왕국의 수도였습니다. 그 곳에 아합 왕은 가짜 신인 바알을 섬기는 신전을 세웠습니다. 돌로 단을 쌓고 이스라엘 백성에게 그곳에서 절하도록 시켰습니다.

아합은 우상을 숭배하는 민족인 시돈 사람 이세벨을 아내로 맞이했는데 그녀는 자기 나라에서 가져온 악한 풍습을 이스라엘 백성에게 가르쳤습니다. 하나님은 선지자 엘리야를 통해 "우상 숭배에서 돌이키지 아니하면 수 년 동안 비도 이슬도 내리지 않겠다"고 경고하셨습니다. 하지만 아합 왕과 이스라엘 백성은 회개하기를 원하지 않았습니다. 정말로 그 말씀대로 이스라엘 백성에게 비가 내리지 않아 음식과 물이 귀해졌습니다. 하나님을 거역하고 우상 숭배하는 이스라엘에 내린 형벌이었습니다. 지금은 그런 형벌이 없어졌습니다. 왜 일까요? 예수님이 우리 대신 형벌을 담당하셨기 때문입니다.

"그는 곤욕과 심문을 당하고 끌려갔으나 그 세대 중에 누가 생각하기를 그가 살아 있는 자들의 땅에서 끊어짐은 마땅히 형벌 받을 내 백성의 허물 때문이라 하였으리요."(사 53:8)

그렇다고 우상을 숭배해도 된다는 말은 아닙니다.

하나님은 죄가 없는 거룩하고 공의로우신 분이어서 죄가 있는 사람은 마땅히 벌하셔야만 합니다. 그 벌로 사람들은 하나님과 단절되고 죽으면 영원히 고통당하는 지옥에 가야 됩니다. 죄로 말미암아 천국에 갈 수없는 사람들을 하나님은 사랑하셨고 그 죄를 용서받을 수 있는 길을 열어 주셨습니다. 무엇일까요? 죄가 없으신 그분의 아들을 세상에 보내 죄인을 대신하여 십자가에 못 박혀 죽게 하신 것입니다. "우리가 아직 죄인 되었을 때에 그리스도께서 우리를 위하여 죽으심으로 하나님께서 우리에 대한 자기의 사랑을 확증하셨느니라."(롬 5:8) 예수님이 우리 대신 피 흘려 죽으셨습니다.

피는 생명입니다. 피 흘림이 없은즉 사함이 없습니다.

"피 흘림이 없은즉 사함이 없느니라."(히 9:22)

구약 시대에 흘렸던 황소와 염소의 피는 보배롭고 존귀한 피가 아니며 능력이 없습니다. 그런 짐승의 피는 사람들의 죄를 씻어 없앤 것이 아니라 덮어 두었습니다. 하지만 죄가 없는 하나님의 아들 예수 그리스도가 흘리신 피는 보배롭고 존귀한 피입니다. 그래서 '보혈'이라고 말합니다. 그 피는 사람들의 죄를 씻어 없애는 초자연적인 능력이 있습니다. 예수의 피에 능력이 있음을 믿으십시오.

"주의 보혈 능력 있도다. 주의 피 믿으오."

예수 그리스도의 보배로운 피는 은이나 금과는 비교할 수 없는, 억만금으로도 헤아릴 수 없는 매우 큰 값어치가 있습니다.

"너희가 알거니와 너희 조상이 물려 준 헛된 행실에서 대속함을 받은 것은 은이나 금 같이 없어질 것으로 된 것이 아니요 오직 흠 없고 점 없는 어린 양 같은 그리스도의 보배로운 피로 된 것이니라."(벧전 1:18~19)

지금 예수를 구주로 믿고 영접하라

당신은 죄 사함을 받았습니까?

지금 예수를 구주로 믿고 영접하십시오.

"한 번 죽는 것은 사람에게 정해진 것이요 그 후에는 심판이 있으리니"(히 9:27)라는 말씀대로 모든 사람은 반드시 죽고 그 후에는 심판을 받습니다. 하지만 예수님께서 우리의 큰 대제사장이 되시므로 우리는 긍휼하심을 받고 때를 따라 돕는 은혜를 얻기 위하여 은혜의 보좌 앞에 담대히 나아갈 수 있게 되었습니다.

지금 예수 그리스도의 보혈을 힘입어 하나님의 보좌 앞에 담대히 나아가십시오. 그러면 죄 사함을 받고 구원을 받고 하나님의 자녀가 됩니다. "영접하는 자 곧 그 이름을 믿는 자들에게는 하나님의 자녀가 되는 권세를 주셨다"(요 1:12)는 말씀대로 누구든지 예수 그리스도를 구주로 영접하면 하나님의 자녀가 됩니다. 하나님의 자녀가 된다는 것은 마음속의 죄가 깨끗이 씻음 받는다는 말입니다.

성령으로 거듭난 하나님의 자녀는 모든 악의와 모든 기만과 위선과 시기와 온갖 비방하는 말을 버리고 갓난아기들 같이 순수하고 신령한 젖을 그리워해야 합니다. 날마다 그것을 먹고 자라서 구원에 이르러야 합니다. 순전하고 신령한 젖은 무엇일까요?

"주의 인자하심" 곧 '주님의 깊은 사랑과 불쌍히 여기심을 통해 베푸시는 모든 혜택'을 말하며, 일곱 가지입니다. 그리스도 안에서 베푸신 의와 성령 충만과 건강과 부요와 지혜와 평화입니다.

"그러므로 모든 악독과 모든 기만과 외식과 시기와 모든 비방하는 말을 버리고 갓난아기들 같이 순전하고 신령한 젖을 사모하라. 이는 그로 말미암아 너희로 구원에 이르도록 자라게 하려 함이라. 너희가 주의 인자하심을 맛보았으면 그리하라."(벧전 2:1~2)

베드로후서 3장 18절에는 순전하고 신령한 젖을 "우리 주 곧 구주 예수 그리스도의 은혜와 그를 아는 지식, 그리고 영광"이라고 표현합니다. 영광은 성령님의 임재하심과 기름 부으심을 말합니다.

우리는 날마다 이것을 사모하며 성장해야 합니다. "오직 우리 주 곧 구주 예수 그리스도의 은혜와 그를 아는 지식에서 자라 가라. 영광이 이제와 영원한 날까지 그에게 있을지어다."(벧후 3:18)

나는 좋으신 성령님과 교통하며 산다

당신은 외롭고 두렵고 무기력하고 절망적이고 슬프지 않습니까?

나는 그렇지 않고 행복합니다. 우리의 대제사장이신 예수님이 세상 끝 날까지 나와 함께 하겠다고 약속하셨기 때문입니다.

"내가 세상 끝 날까지 너희와 항상 함께 있으리라."(마 28:20)

예수님을 믿는 하나님의 자녀라면 그분의 영이신 성령님이 안에 들어와 계십니다. 성령님은 하나님이시므로 우리와 인격적으로 친밀하게 교제하기를 원하십니다. 왜 교제하기를 원하실까요? 교제는 사귐을 갖는 것인데, 헬라어로는 '코이노니아'라고 하며 '친교, 공동 참여, 교제, 공유, 합동, 기부, 교통' 등의 의미가 있습니다.

나는 어릴 때 초등학교가 집과 멀었지만 걸어서 6년을 출석했습니다. 중학교도 걸어 다녔는데, 외롭지 않았습니다. 길을 따라 오가는 동안 함께하는 친구들이 있어 그들과 사귀면서 친구네 집을 방문한다든가, 숙제를 같이 한다든가, 하는 일을 했기 때문입니다.

이처럼 모든 일에 함께하며 인격적으로 교제하는 친구가 있으면 외롭거나 힘들지 않습니다. 우리는 혼자가 아닙니다.

하나님이 우리 안에 계십니다.

"너희 안에서 행하시는 이는 하나님이시니 자기의 기쁘신 뜻을 위하여 너희에게 소원을 두고 행하게 하시나니 모든 일을 원망과 시비가 없이 하라."(빌 2:13~14)

하나님은 그분의 기쁘신 뜻을 위하여 우리 안에 꿈과 소원을 두시고 또 그것을 이룰 수 있도록 성령님을 보내 주셔서 우리와 함께 있게 하시고 우리가 그분의 뜻대로 살 수 있도록 자상하고 세밀하게 인도하십니다. 그러므로 우리는 어떤 일을 할 때 원망과 시비가 없이 즐거운 마음, 감사하는 마음으로 해야 합니다. "항상 기뻐하라. 쉬지 말고 기도하라. 범사에 감사하라. 이것이 그리스도 예수 안에서 너희를 향하신 하나님의 뜻이니라."(살전 5:16~18)

우리 안에서 착한 일을 시작하신 이가 결국 그 일을 다 이루실 것입니다. 그러므로 조금도 의심하거나 뒤로 물러가지 말아야 합니다.

당신이 수십 년간 고민하며 애써도 안 되는 일이 있습니까? 전능하신 하나님께서 하루 만에 이루어 주신다는 것을 믿으십시오.

"너희 안에 착한 일을 시작하신 이가 그리스도 예수의 날까지 이루실 줄을 우리는 확신하노라."(빌 1:6) 그리스도 예수의 날!

상상이 가시나요? 올해 교회 달력을 받아 집에 걸어 놓으면서 달력의 숫자들을 하나씩 바라볼 때마다 "주님, 제가 하나님께 기도한 것들이 모두 응답되는 날이 되게 해주세요"라고 부탁했습니다.

어제까지 아무 일이 없었다고요? 내일 하루 만에 큰 일이 일어날 수 있습니다. 지난 수십 년 동안 아무 일이 없었다고요? 내일 하루 만에 초자연적인 역사와 기적이 일어난다는 것을 믿으십시오.

절망에서 빠져나와 희망을 가지십시오.

하나님이 당신을 위해 새 일을 행하고 계십니다.

"너희는 이전 일을 기억하지 말며 옛날 일을 생각하지 말라. 보라, 내가 새 일을 행하리니 이제 나타낼 것이라. 너희가 그것을 알지 못하겠느냐 반드시 내가 광야에 길을 사막에 강을 내리니 장차 들짐승 곧 승냥이와 타조도 나를 존경할 것은 내가 광야에 물을, 사막에 강들을 내어 내 백성, 내가 택한 자에게 마시게 할 것임이라. 이 백성은 내가 나를 위하여 지었나니 나를 찬송하게 하려 함이니라. 그러나 야곱아 너는 나를 부르지 아니하였고 이스라엘아 너는 나를 괴롭게 여겼으며……"(사 43:18~22)

다시 하나님의 이름을 부르십시오. 하나님을 괴롭게 여기지 마십시오. 그분을 찬송하고 그분을 즐거워하고 기뻐하십시오.

엘리야처럼 "내가 한다. 내가 이 모든 일을 하고 있다. 나 혼자만 남았다"고 교만 떨지 말고 모든 일을 예수 이름으로 하고 예수님을 찬양하십시오. 예수님을 힘입어 하나님 아버지께 감사하십시오.

"또 무엇을 하든지 말에나 일에나 다 주 예수의 이름으로 하고 그를 힘입어 하나님 아버지께 감사하라."(골 3:17)

하나님을 사랑하면 저절로 기도하게 된다

당신은 하나님을 사랑하는 세대입니까?

나는 하나님의 자녀이므로 하나님을 사랑하는 세대입니다.

성경에는 '세대'와 관련된 구절이 있습니다. "이는 너희가 흠이 없고 순전하여 어그러지고 거스르는 세대 가운데서 하나님의 흠 없는 자녀로 세상에서 그들 가운데 빛들로 나타내며"(빌 2:15)라고 했고 또 "내가 진실로 너희에게 말하노니 이 세대가 지나가기 전에 이 일이 다 일어나리라"(마 24:34)고 했습니다. 또 있습니다.

"이는 그리스도 예수 안에서 우리에게 자비하심으로써 그 은혜의 지극히 풍성함을 오는 여러 세대에 나타내려 하심이라."(엡 2:7)

어그러지고 거스르는 세대는 어느 자녀들일까요? 곧 '믿지 않는 세대'를 말합니다. 성경은 하나님의 자녀가 되기 전의 우리의 비참한 상태를 이렇게 표현합니다. "그는 허물과 죄로 죽었던 너희를 살리셨도다. 그 때에 너희는 그 가운데서 행하여 이 세상 풍조를 따르고 공중의 권세 잡은 자를 따랐으니 곧 지금 불순종의 아들들 가운데서 역사하는 영이라. 전에는 우리도 다 그 가운데서 우리 육체의 욕심을 따라 지내며 육체와 마음의 원하는 것을 하여 다른 이들과 같이 본질상 진노의 자녀이었더니."(엡 2:1~3)

하나님을 사랑한다는 것은 사슴이 시냇물을 찾기에 갈급함 같이 당신의 영혼이 살아 계신 하나님을 갈망하는 것입니다. 하나님을 사랑하면 저절로 기도하게 됩니다. 하나님을 사랑하면 하나님이 선물로 주신 믿음을 소중하게 여기고 후손에게 상속하게 됩니다.

교회의 머리가 되시는 예수님은 하나님을 사랑하셨기에 죽기까지 복종하셨습니다. 우리도 하나님을 사랑하고 형제자매를 뜨겁게 사랑하며 범사에 그리스도에게까지 자라 가야 합니다. 하나님을 향한 성숙한 사랑이 가정과 이웃과 교회에 함께 하길 축복합니다.

어린이의 영적 필요를 채우시는 하나님

당신은 어린이들을 사랑하십니까?

나는 어린이들을 많이 사랑합니다. 예수님은 어린아이들을 안고 그들 위에 안수하시고 축복하셨습니다. 나는 교회 어린이집, 유치원, 선교원에서 어린이들을 만날 기회가 많았습니다. 교회에서 교사로 교육받고 어린이들도 예수님이 필요한 죄인이라는 걸 알게 되었습니다. 당신은 어린이들을 어떤 시선으로 바라보나요?

그들이 귀엽고 사랑스럽고 보호해야 할 연약한 아이라는 관점을 넘어 죄 용서 받고 구원받아야 할 '한 영혼'임을 알아야 합니다.

어린이도 복음을 듣고 회개하고 예수님을 믿고 구원받을 수 있습니다. 당신이 천하보다 귀한 하나님의 소중한 영혼을 맡은 영혼의 교사로 부름 받았다면 그들을 가르치는 것이 하나님의 뜻이자 당신에게 주신 귀한 사명임을 믿고 기도하며 잘 감당하기 바랍니다.

주일학교 교사는 대학교 교수보다 더 막중한 직분입니다.

"그가 어떤 사람은 사도로 어떤 사람은 선지자로 어떤 사람은 복음을 전하는 자로 어떤 사람은 목사와 교사로 삼으셨으니 이는 성

도를 온전하게 하여 봉사의 일을 하게하며 그리스도의 몸을 세우려 하심이라."(엡 4:11~12)

아무것도 염려하지 말고 기도하라

당신은 그리스도인이면서 염려하지 않습니까?

나는 염려하지 않습니다. 염려하지 않고 성령님께 감사합니다.

문제가 생기면 "하나님, 도와주세요. 하나님, 해결해 주세요"라며 감사함으로 간구합니다. 감사한다는 것은 받았다는 말입니다.

어디에 물건을 놓고 찾지 못할 때도 도움을 구합니다.

"하나님, 제가 물건을 못 찾고 있어요. 그 물건을 찾을 수 있도록 도와주세요. 예수님 이름으로 기도합니다."

그렇게 기도하면 얼마 후에 찾게 됩니다.

오늘 새벽에는 남편과 함께 차를 타고 남편 일하는 곳에 갔다 오게 되었습니다. 춥고 날이 밝지 않아 어두웠기 때문에 잘 돌아갈 수 있는지 묻는 남편에게 "왔던 길로 가면 돼. 알아"라고 흔쾌히 대답했습니다. 하지만 처음 가 본 곳이라 집으로 가는 방향을 못 찾아 일단 차를 멈췄습니다.

"그래, 기도하자. 하나님, 제가 집으로 가는 방향을 잘 찾게 해주세요"라며 기도하는데 조금 후에 새벽 운동을 나왔는지 한 아저씨가 왼쪽 방향이라고 알려 주셔서 안전히 집에 갈수 있게 되었습니다. 얼마나 감사한지요. 하나님이 하셨습니다. 할렐루야.

어떤 일을 만나 불안하고 염려가 될 때 당신의 기도를 듣고 도와주시기 위해 곁에 계신 분이 있습니다. 누구일까요? 주님이십니다.

"우리가 담대히 말하되 주는 나를 돕는 이시니 내가 무서워하지 아니하겠노라."(히 13:6)

그분은 우리 구주 하나님이십니다. 하나님은 우리의 영혼을 구원하기 위해 독생자 예수 그리스도를 보내 주신 좋은 분인데, 다른 모든 것을 돕지 않겠습니까? 기도하면 다 주십니다. 거침없이 무엇이든지 구하기 바랍니다. 그러면 날마다 응답의 기적이 일어납니다.

당신은 인생의 우선순위를 어떻게 정하나요? 혹시 긴 하루를 무의미하게 보내고 있지는 않나요? 나는 "오늘 하루 하나님을 영화롭게 하는 일을 계획하고 행하게 해주세요"라고 기도합니다. 그러면 성령님께서 놀라운 지혜를 주시며 구체적으로 인도하십니다.

기도의 누적을 아시나요? 그것은 바로 "그때 기도하였더니 하나님이 응답해 주셨어"라는 경험이 있기 때문에 다른 어려운 일을 만났을 때 또 기도하게 된다는 것입니다. 기도하고 또 기도하십시오.

하나님은 당신에게 아무것도 염려하지 말고 기도하라고 말씀하십니다. "아무것도 염려하지 말고 다만 모든 일에 기도와 간구로, 너희 구할 것을 감사함으로 하나님께 아뢰라. 그리하면 모든 지각에 뛰어난 하나님의 평강이 그리스도 예수 안에서 너희 마음과 생각을 지키시리라."(빌 4:6~7)

기도하면 마음에 평강이 가득해집니다.

이것이 행복의 비결입니다.

꿈과 소원 목록을 적고 믿음의 기도를 하라

믿음의 기도에 대해 아십니까?

당신은 기도 응답을 잘 받습니까?

나는 기도할 제목이 있으면 이 말씀을 붙들고 기도합니다.

"복 있는 사람은 시냇가에 심은 나무가 철을 따라 열매를 맺으며 그 잎사귀가 마르지 아니함 같으니 그가 하는 모든 일이 다 형통하리로다."(시 1:3)

그렇습니다. 나는 복 있는 사람이며 내가 하는 모든 일이 다 형통합니다. 나는 이 말씀을 의지하며 기도한 후에 시간과 공간을 초월해서 이미 다 응답받았다고 믿고 절대 의심하지 않고 계속 앞으로 나아갑니다. 예수님이 제자들에게 말씀하셨습니다.

"너희가 무엇이든지 기도하고 구하는 것은 받은 줄로 믿으라. 그리하면 너희에게 그대로 되리라."(막 11:24)

쉽습니다. 무엇이든지 하나님께 기도하고 구하는 것은 받았다고 믿고 감사하며 기다리면 됩니다. 그러면 반드시 그대로 됩니다.

그렇게 기다리는 동안 성령님과 친밀하게 교제하며 행복한 시간을 보내면 됩니다. 나는 중얼거리며 이렇게 기도합니다.

"성령님, 감사합니다. 억만 번이나 감사합니다. 내 안에 성령님이 계셔서 얼마나 좋은지 모릅니다. 나의 고민과 걱정 근심을 모두 토해 내더라도 다 들어주시고 언제나 토닥거려 주시니 감사합니다."

당신도 기도하고 구한 것은 받았다고 믿고 성령님께 감사하십시오. 창조자이신 성령님이 일하시면 하루 만에 다 응답됩니다.

천지를 창조할 때 하나님이 말씀하셨고, 말씀은 예수님이며, 그 말씀하신 것을 눈에 보이는 실상으로 만드신 분은 성령님이십니다.

"태초에 하나님이 천지를 창조하시니라. 땅이 혼돈하고 공허하며 흑암이 깊음 위에 있고 하나님의 영은 수면 위에 운행하시니라. 하나님이 이르시되 '빛이 있으라' 하시니 빛이 있었고 빛이 하나님이 보시기에 좋았더라."(창 1:1~4)

이런 놀라우신 성령님이 지금 당신과 함께 계십니다.

우리 안에 있는 그리스도의 사랑

한 권사님이 내 남편에게 양말 세트를 선물로 주셨습니다.

그분의 큰 아들이 남편과 같은 구역 식구였는데 3년 전에 폐암으로 돌아가셨습니다. 그분은 먼저 하늘나라에 간 아들을 가슴에 묻고 힘들게 사셨습니다. 권사님은 교회에서 남편을 보면 장례식장에서 함께 해줬던 게 고맙고 아들을 본 것 같아 만나면 뭐라도 선물을 주고 싶어 하셨습니다. 나는 선물을 받고 고마운 마음을 전하고 싶어 권사님과 전화 통화를 했습니다. 이런 저런 얘기를 나누다가 권사님도 2년 전에 폐암 수술을 했다는 사실을 알게 됐습니다.

나는 그분의 근황을 남편에게 말해 주었습니다.

남편은 어디서 정보를 들었는지, 폐암 환자에게는 '석면피해 구제제도'라는 게 있으니 수술했던 병원에 가서 필요한 서류를 작성하여 구청 환경과에 제출해 보라며 도움을 주었습니다.

국가와 지방자치단체에서 석면으로 인한 건강 피해자에게 구제급여를 지급해 주는 제도가 있었던 겁니다. 석면으로 인한 폐암 판정이 날 경우 매달 164만 원씩 5년간 지급한다고 했습니다. 권사님은 80세가 넘었고 혼자 저소득층으로 어렵게 사는 분이었습니다.

나는 중얼거리며 성령님께 도움을 구하는 기도를 했습니다.

"성령님, 우리 권사님이 여태 힘들게 살아왔는데 이번에 보상을 받아 여유로운 삶을 살게 도와주세요. 권사님과 함께 가면 꼭 보상을 받게 해주세요"라고 성령님께 간절히 구했습니다. 그리고 시간을 내어 권사님을 모시고 병원과 구청을 오가며 병원 CT사진과 서류를 작성하여 제출했는데 두어 달 만에 석면피해자로 판정되었고 매달 보상을 받게 되었습니다. 나는 너무 기뻤습니다.

"성령님, 억만 번이나 감사합니다."

나의 작은 관심과 수고로 그 권사님이 좀 더 여유롭게 살게 되어 그 일을 한 것에 대해 보람을 느끼게 되었습니다. 권사님은 이런 제도가 있는 줄도 모르고 있었는데 알려주어 고맙다고 했습니다. 권사님과 자주 만나 이야기를 나누다 보니 많이 외로워하시는 것을 느꼈습니다. 독거노인들의 가장 큰 어려움은 외로움과 소외감이라고 뉴스에서 들은 것 같은데 '아, 내가 그동안 주위의 어려운 이웃에 대해 무관심했구나'라는 생각이 들었습니다. 만나서 얘기도 나누고 식사도 하면서 꾸준히 사랑을 나누려 합니다. 우리가 물질로도 돕지만 사랑과 관심이 더 중요하다는 사실을 권사님을 통해 깨닫게 되었고 나는 주님께 더욱 큰 은혜를 달라고 기도했습니다.

"주님, 속해 있는 공동체 안에서 형제자매를 사랑할 수 있는 은혜를 주소서. 삶으로 제사 드리는 그리스도인의 모습이 되게 하소서."

하나님께서 우리에게 말씀하십니다. 무엇일까요?

첫째, 선을 행하라
둘째, 서로 나누어주기를 잊지 말라.
셋째, 하나님은 이 같은 제사를 기뻐하신다.

"오직 선을 행함과 서로 나누어 주기를 잊지 말라. 하나님은 이 같은 제사를 기뻐하시느니라."(히 13:15~16)

나의 애인 같은 성령님

당신은 스스럼없이 대화하며 도움을 구할 친구가 있습니까?

내게는 자상하고 따뜻하게 코치해 주며 늘 함께하는 그런 좋은 친구가 있습니다. 바로 성령님이십니다. 성령님은 나의 가장 친밀한 친구이며 애인입니다. 나는 그분을 많이 좋아하고 사랑합니다.

나는 아침에 일어나면 가장 먼저 그분에게 인사합니다.

"성령님, 안녕하세요? 오늘 하루도 정말 설레고 기대되는 하루입니다. 오늘은 어떤 일을 하실 건가요?"

"성령님, 아침 식사를 준비하는데 가족이 즐겁게 먹을 수 있도록 맛있는 반찬 잘 만들게 도와주세요?"

그렇게 중얼거리며 성령님과 대화하며 부엌일을 합니다.

마트에 갈 때도 "성령님, 좋은 물건 구입할 수 있게 지혜를 주시고 오늘 쓴 돈 만큼 배로 채워 주세요"라고 성령님께 부탁합니다.

공원에 운동을 갈 때에도 계속 중얼거리며 성령님과 대화하며 걷습니다. 사람이 없을 때는 소리 내어 기도하기도 하고 방언으로도 기도합니다. 성령님이 함께하셔서 얼마나 행복한지 모릅니다.

오늘도 나는 성령님을 존중히 모십니다. 어떻게 할까요?

첫째, 성령님의 얼굴을 봅니다.

둘째, 성령님과 대화를 나눕니다.

셋째, 성령님을 모시고 다닙니다.

넷째, 성령님께 도움을 구합니다.

습관적인 죄에서 빠져나와 거룩한 삶을 살고 싶습니까? 내 힘으로는 안 됩니다. 성령님께 도움을 구하면 그분이 도와주십니다.

"성령님, 거룩한 삶을 살게 도와주세요."

새로운 일에 대한 지혜가 필요합니까? 성령님께 도움을 구하면 그분이 놀라운 지혜를 주십니다. 이렇게 말씀드리세요.

"성령님, 지혜를 주세요."

성령님께 도움을 구하면 그분은 실제로 도와주십니다.

성령님은 내가 거룩한 생각과 말, 행동을 하도록 도와주십니다.

나는 하루 종일 성령님께 푹 빠져 삽니다. 그래서 행복합니다.

성령님은 하나님의 영이고 예수님의 영이십니다.

성령님께서 내 몸 안에 실제로 거하십니다.

"너희는 너희가 하나님의 성전인 것과 하나님의 성령이 너희 안에 계시는 것을 알지 못하느냐?"(고전 3:16)

성령님을 모신 우리는 저절로 잘됩니다.

어떤 모임이나 장소에서 자기 소개하는 시간이 있습니다.

그때 나는 이렇게 말하며 나를 소개합니다.

"늘 꿈을 꾸고 사는 민두님입니다."

꿈이 없는 인생은 죽은 인생입니다. 당신도 꿈을 가지십시오.

나는 노트에 300개가 넘는 꿈과 소원 목록을 기록하고 받았다고 믿고 조금도 의심하지 않고 감사와 기도로 나아갑니다. 조바심 낼 필요도 없습니다. 구했으니 잠잠히 응답을 기다릴 뿐입니다.

나는 꿈쟁이입니다. 성경에 오직 믿음으로 구하고 조금도 의심하지 말라고 했기에 나는 내 꿈과 믿음대로 다 된다고 믿습니다.

"오직 믿음으로 구하고 조금도 의심하지 말라."(약 1:6)

당신도 제한 없이 마음껏 꿈꾸기 바랍니다.

인생은 꿈대로 믿음대로 다 됩니다.

의인이 믿음으로 살리라

나는 믿음으로 말미암아 의인이 되었습니다.

예수님께서 나를 위하여 대신 십자가에 못 박혀 피 흘려 죽으셨습니다. 그분이 내 모든 죄와 저주를 다 짊어지고 죽으신 것입니다.

많은 사람들이 '믿음이 부족하다. 그러니 믿음을 키우기 위해 더 많은 행위가 있어야 한다'고 생각합니다. 그래서 율법을 달달 외우고, 교회에 가서 살다시피 하며 더 많이 봉사하고, 조금이라도 더 의로워지기 위해 열심히 기도합니다. 그런데 이상한 것은 그런 신앙생활을 하면 할수록 더 고집이 세지고 교만해진 자신의 모습을 보게 된다는 것입니다. 반대로 생각해야 합니다. 행위가 아닌 은혜를 따라 모든 일과 봉사, 예배와 기도와 전도를 해야 합니다.

예수 그리스도를 믿음으로 말미암아 이미 의로워졌기 때문에, 생수의 강이 흘러넘치기 때문에, 행복한 마음으로 여호와의 말씀을 묵상하며 교회에 가서 예배하고 기도하고 봉사해야 합니다.

여러 신앙 행위와 상관없이 예수를 구주로 믿는 사람은 천국에 넉넉히 들어갈 의를 이미 얻었습니다. 믿음이 없이는 하나님을 기쁘게 할 수 없습니다. "믿음이 없이는 하나님을 기쁘시게 하지 못하나니 하나님께 나아가는 자는 반드시 그가 계신 것과 또한 자기를

찾는 자들에게 상 주시는 이심을 믿어야 할지니라."(히 11:6)

오직 의인은 믿음으로 말미암아 삽니다. 예수님이 내 안에 계시니 이제 죄와는 상관이 없고 내 안에 하나님의 의가 충만합니다.

예수님은 일곱 가지의 저주를 속량하셨습니다.

"죄목병가어징죽. 의성건부지평생."

우리는 죄와 목마름, 병과 가난, 어리석음과 징계, 죽음에서 벗어나 예수를 믿음으로 말미암아 새로운 피조물이 되었습니다. 우리는 의와 성령 충만, 건강과 부요, 지혜와 평화, 생명을 선물로 받았습니다. 이것을 '일곱 가지 속량의 은혜'라고 일컫습니다.

그러므로 우리는 이렇게 생각하고 말하고 행동해야 합니다.

"나는 의인이다."

"나는 성령 충만하다."

"나는 건강하다."

"나는 부요하다."

"나는 지혜롭다."

"나는 평화가 있다."

"나는 생명이 넘친다."

그렇습니다. 내 안에 예수님의 의와 성령, 건강과 부요, 지혜와 평화, 생명이 가득합니다. 내 안에 예수님의 생명이 넘칩니다.

나는 입으로 늘 '의성건부지평생'을 선포하며 그리스도 안에서 풍요로운 삶을 삽니다. 나는 천국을 날마다 경험하고 있습니다. 그래서 많이 행복합니다. 나는 사람들에게 이렇게 말합니다.

"천국같이 살다가 천국으로 갑시다."

섬김을 실천하며 영혼을 구원하는 삶

누군가 당신의 발을 씻겨 준 적이 있습니까?

하루는 교회에서 하는 세족식에서, 권사님 한분이 내 발을 씻겨 주었습니다. '아, 내 발 더러운데.' 나는 내 발을 내민다는 것이 묘하게 부끄럽고 수치스럽게 느껴졌습니다. 그런 내 마음과는 다르게 권사님은 나를 위해 기도해 주시고 발을 정성껏 씻겨 주었습니다.

수십 년간 같은 교회에서 얼굴만 스치고 지나갈 뿐 서로에 대해 잘 알지도 못하고 인사도 제대로 나누지 못한 사이였는데, 내가 그분에게 섬김을 받은 것입니다. 예수님께서 말씀하셨습니다.

"내가 주와 또는 선생이 되어 너희 발을 씻었으니 너희도 서로 발을 씻어 주는 것이 옳으니라. 내가 너희에게 행한 것 같이 너희도 행하게 하려 하여 본을 보였노라."(요 13:14~15)

예수님은 제자들을 사랑하셔서 그들의 발을 씻기셨습니다.

자신을 팔아넘기려는 가룟 유다까지도 가슴에 품으시고 기꺼이 종의 모습으로 끝까지 섬기셨습니다. 당신은 어떻습니까?

중고등부 겨울 수련회가 며칠 후에 있었습니다.

많은 학생들이 참석했는데, 교회에서는 수련회 마지막 날 세족식에 장로님, 권사님, 집사님들이 참여해 학생들과 일대일로 결연을 맺고 발을 씻겨 주기를 요청했습니다. 내가 이미 세족식을 통해 섬김과 사랑을 받았으니 부모의 심정으로 학생을 위해 기도하며 참석하기로 마음을 먹었습니다. 나와 결연을 맺은 학생이 고등학교 신입생이고 노래를 좋아한다는 사실을 알았습니다. 새로운 학교생활을 즐겁게 보내고 노래로 주위 사람을 즐겁게 하는 학생이 되게 해 달라고 그 학생의 이름을 불러 가며 기도하며 준비했습니다.

내게도 오래 전 청년 시절 수련회를 통해 뜨겁게 은혜 받고 성령으로 충만했던 때가 있어 그 기억을 떠올리며 오늘 우리 학생들 변화 받고 성령님을 사랑하는 시간이 되게 해 달라고 간구했습니다.

드디어 세족식 시간, 예수님이 그렇게 하셨듯이 무릎을 꿇고 그 학생의 발을 씻기고 정성스레 수건으로 발을 닦아주었습니다.

섬김을 통해 낮아지고 겸손함으로 그 학생의 영혼을 사랑하게 되었습니다. 그에게 기도 제목을 물었습니다. 엄마는 교회에 나오시는데 아빠는 믿지 않는다고 아빠의 구원을 위해 기도해 달라고 했습니다. 나는 그 학생을 꼭 껴안고 몇 가지를 기도했습니다.

"성령님, 이 학생 아빠가 예수 믿게 도와주세요."

"성령님, 이 학생이 노래 부르는 것을 좋아하는데 노래하며 즐겁게 평생 웃으며 살게 해주세요."

"성령님, 고등학교 3년 학창시절을 후회 없이 알차고 보람되게 보내게 해주세요."

수련회가 끝나고 며칠 후에 그 학생과 전화 통화를 하는데 씩씩한 목소리로 반가워했습니다. 나는 계속해서 그 학생이 영적으로 성장할 수 있도록 기도하겠다고 마음먹었습니다. 세족식을 통해 섬김을 받는 것도 또 섬김을 주는 것도 예수님의 겸손한 마음을 배우는 귀한 체험이었습니다. 다시 나의 삶을 돌아봅니다.

"섬김을 실천하는 삶."

성령님의 기쁨이 되는 하나님의 자녀로 살기를 기도합니다.

꿈과 소원 목록을 적으면 그대로 된다

당신은 꿈과 소원 목록을 적어 놓은 공책이 있습니까?

나는 많은 꿈과 소원 목록으로 가득 차 있는 '꿈 공책'이 있습니다. 성령님은 막연하게 일하시는 분이 아닙니다. 우리가 구체적인 꿈과 소원을 가질 때 매일 그분의 도우심을 받을 수 있습니다.

꿈은 낭랑 18세 소녀 때만 있는 줄 알았습니다. 그동안 결혼하고 아이들 키우며 직장 생활한다고 정신없어서 꿈은 나와 상관없는 먼 나라 남의 얘기로만 알고 잊고 지내 왔습니다. 꿈이 없는 세월이었습니다. 그러다, 어느 날 놀라운 사실을 깨달았습니다.

"꿈은 나이와는 상관이 없다."

"중년의 나이, 지금도 늦지 않았다."

"얼마든지 나도 멋진 꿈을 꾸고 기도하며 나아갈 때 하나님께서 내 믿음과 꿈대로 다 이루어 주신다."

막연히 잘되기만을 위해 기도하기보다는 구체적으로 꿈과 소원을 공책에 적고 기도해야 합니다. 우리가 예수님을 인정하기 때문에 믿음으로 구한 것은 모두 실상이 되어 현실로 나타납니다.

믿음은 바라는 것들의 실상입니다.

"믿음은 바라는 것들의 실상이요 보이지 않는 것들의 증거니, 선진들이 이로써 증거를 얻었느니라."(히 11:1~2)

나는 꿈 공책에 적힌 300개가 넘는 꿈과 소원들을 전능하신 하나님께서 시간과 공간을 초월해 다 이루어 주신다고 믿습니다.

"마당이 있는 복층 주택에서 살기."

"통장에 항상 현금 2천만 원 갖고 있기."

"남편이 좋아하는 음악을 마음껏 들을 수 있는 방 만들어 주기."

"프라이팬 세트 새것으로 교체하기."

"복음을 전하는 책 계속 쓰기"등 무엇이든지 꿈꾸고 소원하며, 하나님께 한 번 구한 후에는 이미 받았다고 믿고 기다립니다.

큰 것이나 작은 것 모두 구합니다.

기왕이면 큰 것을 구합니다.

하나님께는 작은 것을 구하나 큰 것을 구하나 똑같습니다.

"보라, 그에게는 열방은 통의 한 방울 물 같고 저울의 적은 티끌 같으며 섬들은 떠오르는 먼지 같으니라."(사 40:15)

평소에도 성령님 때문에 늘 행복하지만 꿈을 떠올리면 내 마음이 설레고 더 행복해집니다. 이미 이루어 주신 것도 많습니다.

우리가 얻지 못한 것은 구하지 않기 때문입니다.

당신도 지금 꿈과 소원을 공책에 쓰고 기도에 응답하시는 성령님께 구하십시오. '믿음의 기도'라는 씨앗을 뿌리고 성령님께 온전히 맡기면 됩니다. 그러면 그분이 이루십니다. 꿈은 믿음으로 잉태하면 성령의 능력으로 태어납니다. "여호와께서 이르시되 내가 아이

를 갖도록 하였은즉 해산하게 하지 아니하겠느냐?"(사 66:9)

하나님은 전지전능하신 분이고 크신 분입니다. 그분은 우리가 기도하고 구하는 것을 다 듣고 응답하십니다. 꿈과 소원을 위해서는 매일 울며 기도하지 않아도 됩니다. 믿음의 기도를 하면 됩니다.

믿음의 기도는 구한 것을 또 구하며 지극 정성으로 몸부림치는 것이 아닙니다. 한 번 기도하고 구한 것은 받았다고 믿고 하나님께 맡긴 후에 편안한 마음으로 잠자리에 들면 됩니다. 그러면 자고 깨고 하는 중에 싹이 나고 자라 열매를 맺습니다.

하나님 나라는 '심고 거두는 법칙'에 따라 채워집니다.

믿음의 기도를 심고 조금도 의심하지 말고 기다리십시오.

심은 것을 수확하기까지는 시간이 걸립니다.

농부는 씨앗을 뿌리면 반드시 싹이 나온다는 것을 압니다. 그래서 그냥 기다립니다. 땅속에서는 어떤 일이 일어나고 있는지 우리는 알 수 없습니다. 그러나 자고 깨고 하는 중에 시간이 지나면 싹이 나오고 이삭이 나오며 충실한 열매가 나옵니다.

"또 가라사대 하나님의 나라는 사람이 씨를 땅에 뿌림과 같으니 저가 밤낮 자고 깨고 하는 중에 씨가 나서 자라되 그 어떻게 된 것을 알지 못하느니라. 땅이 스스로 열매를 맺되 처음에는 싹이요 다음에는 이삭이요 그 다음에는 이삭에 충실한 곡식이라. 열매가 익으면 곧 낫을 대나니 이는 추수 때가 이르렀음이라."(막 4:26~29)

믿음으로 씨앗을 뿌린 당신은 많은 것을 추수하게 될 것입니다.

성령님은 추수하는 영이십니다.

자기 계발에 관심을 가져라

당신은 자기 계발에 신경 씁니까?

사람은 날마다 깨달음을 얻고 성장해 나가야 합니다.

나는 자기 계발에 신경을 씁니다. 나를 위해 아낌없이 과감하게 시간과 돈을 투자합니다. 책을 사서 읽고, 책을 쓰기도 합니다.

책을 읽다 보니 책을 쓸 수 있는 기회가 생겨서 〈성령님, 지혜를 주세요〉라는 놀라운 책을 이미 써냈고, 이번에 벌써 두 번째 책을 쓰게 되었습니다. 하나님께서 내게 지혜를 주셨습니다.

우리는 하나님이 선물로 주신 몸과 마음, 영혼을 잘 관리해야 합니다. 나는 항상 밝고 긍정적인 생각으로 나를 리셋합니다.

주말에는 남편과 함께 가까운 산에 등산도 가고 평일에는 매일 한두 시간 공원에 나가 걷기 운동을 합니다. 그리고 잠도 8시간 이상 충분히 잡니다. 나는 120세까지 건강하게 살 겁니다.

그러기 위해서는 자기 관리를 잘해야 합니다.

친구들과 얘기를 나누다가 "나는 120살까지 살 거야"라고 하면 처음에는 의아해 하고 놀랍게 생각하던 친구들이 지금은 하나 둘씩 "나도 120살까지 살 거야"라고 말합니다. 이제 60대 중반까지 왔으니, 아직도 살 날은 50년이 넘게 남았습니다.

나는 직장에서 은퇴했다고 정체하고 퇴보할게 아니라 남은 50년을 놀랍도록 희망차고 충만한 황금기가 되기로 선택했습니다.

그래서 먹는 것도 좋은 식재료를 구입해서 먹습니다. 합성 첨가물이 든 음식이나 가공 식품은 먹지 않습니다. 늘 성령님과 함께하므로 기쁨과 감사로 충만합니다. 정신과 육체도 건강해야 합니다.

　사람들도 이 사람 저 사람 쓸데없이 막 만나지 않습니다. 나만의 시간을 갖고 책을 읽고 깨달음을 얻고 책을 씁니다. 부정적인 생각과 말은 조금도 하지 않습니다. 나의 사랑하는 성령님과 함께 공원을 걸으며 산책할 때면 속으로 이렇게 중얼거립니다.

　“나는 건강해.”
　“나는 팔 다리 관절이 모두 튼튼해.”
　“나는 머리카락 숱이 많아.”
　“내 눈은 맑고 밝아.”
　“내 귀는 작은 소리까지 잘 들려.”

　그리고 조용히 명령을 내립니다.

　“150억 개가 넘는 뇌신경 세포는 제 기능을 발휘할지어다.”
　“내 몸의 100조 개가 넘는 세포는 활발하게 살아라. 살아라.”

　하나님께서 우리의 말에 권능을 주셨습니다. 그래서 나는 항상 부정적인 말보다는 긍정적인 말로 내 혀를 다스립니다. 하나님은 “너희 말이 내 귀에 들린 그대로 내가 시행하겠다”고 하셨습니다. 그러므로 우리는 부정적인 생각과 말은 조금도 하지 말아야 합니다. 오직 믿음의 생각과 말만 해야 합니다. 성령님께 도움을 구하세요.

　“성령님, 제가 부정적인 생각과 말은 하지 않게 해주세요.”

그리고 믿음의 말만 입버릇처럼 하십시오.

"나는 잘되는 사람이야."
"나는 복 있는 사람이야."

하나님께서 나에게 말씀하셨습니다.
"두님아, 네가 하는 모든 일이 다 형통케 해주마."
당신에게도 이런 복이 있기를 바랍니다.
"그는 시냇가에 심은 나무가 철을 따라 열매를 맺으며 그 잎사귀가 마르지 아니함 같으니 그가 하는 모든 일이 다 형통하리로다."
(시 1:3)
나는 복 있는 사람이며 모든 일에 다 형통한 사람입니다.

내가 거실에서 가정과 자녀를 위해 선포 기도를 하면 남편은 나를 따라 똑같이 말합니다. 남편은 따라쟁이입니다. 그래도 좋습니다. 부부가 하나가 되어 기도하는 것은 복된 일이니까요.

가끔은 남편과 통화 중에 내가 먼저 "사랑해요"라고 말하면 남편도 "나도 사랑해"라고 응수합니다. 손발이 좀 오글거리기는 해도 젊어서 못해 본 표현을 더 늦기 전에 적극적으로 표현하려고 합니다.

성령님께도 마찬가지입니다. 처음엔 어색했지만 지금은 자연스럽게 친구처럼 늘 "성령님, 사랑합니다. 성령님께서 내 몸을 성전 삼고 내 안에 거하시고 늘 나와 함께 하시니 얼마나 행복한지 모릅니다"라고 사랑 고백을 합니다. 내 몸이 성령님이 거하시는 성전임이 분명하기 때문에 나는 성령님으로 충만하고 만족함이 있습니다.

우리는 몸과 마음을 거룩하게 다루어야 합니다. 술이나 담배, 약물 중독으로 신체를 해하지 말고 좋은 생각과 말씀 묵상, 독서와 글쓰기, 산책과 운동, 깨끗한 음식과 충분한 수면 등으로 정결하게 잘 관리해야 합니다. 우리의 몸으로 하나님께 영광을 돌려야 합니다.

"그런즉 너희가 먹든지 마시든지 무엇을 하든지 다 하나님의 영광을 위하여 하라."(고전 10:31)

당신의 의식 수준을 높여라

하나님의 자녀는 하녀가 아닌 왕비입니다.

내가 이런 사실을 깨달은 것은 사실 얼마 안 되었습니다.

절약하며 아껴 쓰는 게 미덕인 줄 알고 콩나물 하나 살 때도 비교하며 더 싼 게 없나 하며 궁상떨곤 했습니다. 옷을 구입할 때도 몇 번을 망설이며 내가 사고 싶은 것보다 더 저렴한 것을 구입할 때가 많았습니다. 하지만 이제는 아닙니다. 나는 소중하고 특별하며, 나 자신의 가치를 존귀하게 여기기로 결심했기 때문입니다.

나는 자기 계발을 위해 아낌없이 과감하게 투자합니다.

마트에서 찬거리를 살 때도 최고 좋은 물건을 선택합니다. 그래 봤자 천 원, 2천 원 차이입니다. 식당도 저렴하기 때문에 가는 것이 아니라 맛있는 집을 찾아가서 내가 먹고 싶은 것을 사 먹습니다.

최근에 겨울 겉옷을 사고 싶어서 남편에게 말했는데 흔쾌히 넉넉한 돈을 주었습니다. 그동안 남편이 내게 눈치를 준 것도 아닌데 나

스스로 망설이며 저렴한 옷을 사 입곤 했습니다. 이번에는 당당하게 맘에 쏙 드는 옷, 꼭 사고 싶었던 제일 좋은 옷을 구입했습니다.

내 안에 부요 의식이 가득하기 때문입니다. 이런 말이 있습니다.

"부티 나게 입지 말고 귀티 나게 입어라. 당신은 귀한 사람이다."

의식 수준을 바꾸십시오. 지혜의 영이신 성령님이 내 안에 가득히 계시기 때문에 나는 바보에서 천재로 의식 수준이 높아졌습니다. 하녀에서 왕비로, 노예에서 왕으로, 생쥐에서 사자로, 거지에서 억만장자로, 독자에서 저자로 의식이 바뀌었습니다. 우리는 하나님이 사랑하시는 그분의 자녀입니다. 이런 찬양이 있습니다.

"공공공공 나는 공주다. 하나님 나라의 나는 공주다."

노래만 부르지 말고 진짜로 공주처럼 생각하고 누리며 살아야 합니다. 그러기 위해서는 생각 곧 의식 수준을 높여야 합니다.

우리는 모두 그리스도 안에서 예수님만큼 존귀한 사람들입니다.

우리는 예수님을 믿음으로 큰 생명, 새 생명, 영원한 생명을 가졌고 지금 죽어도 천국에 넉넉히 들어갑니다. 천국은 영원히 기쁘고 즐겁고 행복한 곳입니다. 우리는 이 땅에서도 천국의 행복을 매일 누리며 살아야 합니다. "천국같이 살다가 천국으로 갑시다."

천국에는 가난이 없습니다. 하나님의 나라 곧 천국이 임한 사람은 '전인부요' 곧 모든 일에 부요 믿음으로 생각하고 말하고 행동해야 합니다. 천지를 창조하시고 부요하신 예수님이 우리 안에 실제로 살아 계시기 때문입니다. "우리 주 예수 그리스도의 은혜를 너희가 알거니와 부요하신 이로서 너희를 위하여 가난하게 되심은 그의 가난함으로 말미암아 너희를 부요하게 하려 하심이라."(고후 8:9)

우리가 부요 믿음으로 살려면 크게 생각해야 합니다.

'두 배의 법칙'이라는 게 있습니다. 무엇일까요?

첫째, 하나님이 두 배로 채우신다는 것을 믿어라.

둘째, 사람들에게 줄 때 인색하지 말고 두 배로 주어라.

셋째, 사람들에게 받을 때도 당당하게 두 배로 받아라.

넷째, 당신을 위해 어떤 물건을 살 때 두 배로 예산을 잡고 두 배로 좋은 것을 사야 두고두고 후회 안 한다.

다섯째, 기왕 베푸는 것, 인색한 마음이 아닌 두 배로 예산을 잡고 넉넉하게 베풀어라. 그러면 마음에 여유가 생긴다.

여섯째, 기부할 때는 쩨쩨하게 하지 말고 두 배로 기부하라.

나는 이것을 마음에 새기고 실천하고 있습니다.

성경은 "모든 일에 넉넉한 마음으로 하라"고 말씀합니다.

"이것이 곧 적게 심는 자는 적게 거두고 많이 심는 자는 많이 거둔다 하는 말이로다. 각각 그 마음에 정한 대로 할 것이요 인색함으로나 억지로 하지 말지니 하나님은 즐겨 내는 자를 사랑하시느니라. 하나님이 능히 모든 은혜를 너희에게 넘치게 하시나니 이는 너희로 모든 일에 항상 모든 것이 넉넉하여 모든 착한 일을 넘치게 하게 하려 하심이라. 기록된 바 '그가 흩어 가난한 자들에게 주었으니 그의 의가 영원토록 있느니라' 함과 같으니라. 심는 자에게 씨와 먹을 양식을 주시는 이가 너희 심을 것을 주사 풍성하게 하시고 너희 의의 열매를 더하게 하시리니 너희가 모든 일에 넉넉하여 너그럽게 연보를 함은 그들이 우리로 말미암아 하나님께 감사하게 하는 것이라. 이 봉사의 직무가 성도들의 부족한 것을 보충할 뿐 아니라 사람들이 하나님께 드리는 많은 감사로 말미암아 넘쳤느니라."(고후 9:6~12)

많은 사람들이 적게 심고 많이 거두려고 합니다. 하나님의 말씀 대로 사는 지혜로운 부자들은 그렇지 않습니다. 넉넉하게 생각하고 멀리 더 크게 내다봅니다. 필요한 재정은 달라고 구하면 채워 주십 니다. 그래서 하나님께 드릴 때도 인색한 마음이 아닌 두 배로 드립 니다. 물건을 살 때도 두 배로 예산을 잡고 편하게 구입합니다.

기부할 때나 베풀 때도 두 배로 베풉니다.

당신도 크게 생각하기 바랍니다.

내 안에 예수님이 살아 계신다

당신은 삶속에서 예수님과 늘 함께하십니까?

나는 지금도 예수님의 임재를 느낍니다. 예수님의 임재와 속량의 은혜는 내 인생을 바꾸었습니다. 예수님이 내 안에, 나와 함께 임재 해 계십니다. 그분은 우리 가족과 집안에도 임재해 계십니다.

나는 예수님이 임재하셔서 일하고 계심을 믿습니다.

요즘 나는 하루 24시간, 믿음으로 말미암아 생수의 강이 내 안에 넘쳐흐르고 있습니다. 그래서 늘 감사와 기쁨으로 충만합니다. 무 슨 일을 하거나 물건을 살 때 성령님께 먼저 묻고 합니다. 마트에 가면서도 "성령님, 저녁 찬거리를 사는데 싱싱하고 좋은 물건을 구입하게 도와주세요." 그러면 정말 좋은 식자재를 구하게 됩니다.

남편하고 언짢은 일로 부딪혀 서로 마음이 불편한 상태에서는 "성령님, 남편이랑 화해하고 밝은 모습으로 만나게 해주세요"라고 도움을 구합니다. 그러면 저녁에 남편은 언제 그랬냐는 듯 환한 모습으로 집에 들어옵니다. 사람들을 만날 때도 도움을 구합니다.

"성령님, 오늘 누구랑 식사 약속이 있는데, 성령님이 함께하셔서 즐거운 시간이 되게 해주세요. 예수님 이야기만 하게 해주세요."

선물을 보낼 때도 성령님께 물으면 그분이 도와주십니다.

"성령님, 이번 설 명절에 선물을 보내야 하는데 어떤 선물을 준비해서 누구누구에게 보내야 할까요?"

그러면 성령님이 내 마음에 구체적으로 떠올려 주십니다.

성령님은 대화하고 묻는 것을 참 좋아하십니다.

다윗 왕도 하나님과 대화를 많이 했습니다. 그는 전쟁에 나갈 때, 모든 일을 할 때 언제나 여호와께 묻고 움직였습니다. 사도 바울은 우리 모두에게 성령의 교통하심이 있어야 한다고 했습니다. "성령의 교통하심이 너희 무리와 함께 있을지어다."(고후 13:13)

성령님은 여호와의 영이시고 예수의 영이십니다.

내 안에 예수님이 살아 계신다는 사실을 믿기만 하면 아무것도 하지 않아도 저절로 성령의 기름 부음이 강물처럼 흐르게 됩니다.

"너희가 하나님의 성전인 것과 하나님의 성령님이 너희 안에 거하시는 것을 알지 못하느냐?"(고전 3:16)라는 말씀대로 성령님은 실제로 우리 안에 임재해 계십니다.

예수님은 참 포도나무이고 우리는 그에게 붙어 있는 가지입니다.

예수님 안에 내가 있고 내 안에 예수님이 계십니다.
내 안에 예수님이 계시니 새사람이 되었습니다.

나는 의인입니다.
나는 성령 충만합니다.
나는 건강합니다.
나는 부요합니다.
나는 지혜롭습니다.
나는 평화가 있습니다.
나는 생명이 있습니다.

그래서 나는 한없이 행복합니다. 기도와 금식, 봉사를 많이 한다고 성령 충만한 게 아니라 믿음으로 예수님께 나아갈 때 저절로 성령 충만해집니다. 오직 의인은 믿음으로 말미암아 삽니다.

예수님이 말씀하셨습니다.

"누구든지 목마르거든 내게로 와서 마셔라. 나를 믿는 자는 성경에 이름과 같이 그 배에서 생수의 강이 흘러 나리라."(요 7:37~39)

생수의 강이 흐르는 비결은 행위가 아닌 오직 믿음, 믿음, 믿음입니다. 지금 당신 안에 생수의 강이 흐르고 있음을 믿으십시오.

모든 일을 생수의 강을 따라 행복한 마음으로 하십시오.

예수님을 모신 사람은 어떻게 살아야 할까?

예수님을 모신 사람은 어떻게 살아야 할까요?

첫째, 모든 것을 당당하게 누리며 살아야 합니다.

우리는 왕 같은 제사장입니다. 예수님을 구주로 믿는 순간 새사람이 되었고 거룩한 제사장과 왕으로 세워졌습니다. 옛 습관은 버리고 새 옷으로 갈아입고 공주와 왕자로 살아야 합니다. 우리의 신분이 바뀌었고 거지같은 모습에서 하나님의 자녀가 되었습니다.

둘째, 기도하는 삶입니다.

예수님께서는 우리를 위해 좋은 것을 많이 예비해 놓으셨습니다. 그것을 받아 누리는 방법은 기도입니다. 하나님이 우리에게 주시는 가장 큰 특권은 기도입니다. 십계명을 어기는 것만 아니면 무엇이든지 구해도 됩니다. 기도하면 병든 자가 고침 받고, 집 나갔던 자녀가 돌아오고, 결혼도 하게 되고, 자녀도 생깁니다. 좋은 차도 주십니다. 자동 수입원이 생깁니다. 멋진 집도 생깁니다. 자녀가 취업합니다. 기도하는 사람은 원망과 불평, 부정적인 말을 하지 않고 하나님의 응답을 기대하며 이렇게 믿음의 말만 하게 됩니다.

"나는 형통한 사람이야. 무슨 일이든지 잘 돼."

하나님은 막연한 하나님이 아니십니다. 구체적으로 기도하면 다 들어주십니다. 기도하고 구한 것은 받았다고 믿으십시오. "그러므로 내가 너희에게 말하노니 무엇이든지 기도하고 구하는 것은 받은 줄로 믿으라. 그리하면 너희에게 그대로 되리라."(막 11:24)

하나님은 불기둥과 구름기둥으로 인도하신다

당신은 매사에 누구를 의지합니까?

나는 졸지도 주무시지도 않고 나와 늘 함께하시는 임마누엘 하나님을 의지합니다. 그분은 바로 성령님이십니다. 성령님은 세상 어떤 것보다 실제적인 분이십니다. 그분은 내 안에 가득히 계십니다.

이스라엘 백성이 애굽에서 나와 광야 생활을 할 때 하나님께서는 불기둥과 구름기둥으로 그들을 인도하셨습니다. 불기둥과 구름기둥은 명백한 하나님의 임재이며, 백성들의 두 눈으로 매일 확인하는 하나님의 실제적인 임재였습니다. 여호와 하나님은 밤이나 낮이나 이스라엘 백성과 함께하시며 그들을 지키고 돌보셨습니다.

"이스라엘 자손이 여호와의 명령을 따라 행진하였고 여호와의 명령을 따라 진을 쳤으며 구름이 성막 위에 머무는 동안에는 그들이 진영에 머물렀고……"(민 9:18)

예수님은 이 땅에 오셔서 우리를 위해 피를 흘리시고 우리 대신 저주를 짊어지고 십자가에서 돌아가셨습니다. 그리고 그분의 약속대로 오순절에 성령님이 급하고 강한 바람처럼 불의 혀같이 오셨습니다. 성령님은 구약 시대보다 더 강력하게 임재하셨습니다.

구약에서 하나님이 불기둥 구름기둥으로 이스라엘 백성을 인도하셨듯이 우리는 지금 성령 안에서 하나님의 임재를 경험할 수 있습니다. 삶이 힘들고 낙심될 때 기대고 의지할 수 있는 성령님이 내 안에 계신다는 사실이 얼마나 힘이 되고 든든한지요?

이스라엘 백성들이 가나안에 들어가면 가나안 민족을 상대할 텐데, 그들이 두려워하지 않고 떨지 않고 오히려 강하고 담대할 수 있었던 것은 여호와 하나님이 그들과 함께 하시며 결코 떠나지 아니하시고 버리지 않는다는 것을 믿었기 때문입니다. 어떤 문제가 내 앞에 있을 때, 하나님께서는 내 마음에 이렇게 말씀하십니다.

첫째, 강하고 담대하라.

둘째, 두려워하지 말라.

셋째, 그들 앞에서 떨지 말라.

넷째, 네 하나님 여호와, 그가 너와 함께 하신다.

다섯째, 결코 너를 떠나지 아니 하신다.

여섯째, 결코 너를 버리지 아니하신다.(신 31:6)

그래서 나는 주님이 주신 평안함으로 오직 믿음으로 전진 또 전진합니다. 당신도 마음을 강하게 하고 담대히 하십시오.

하나님은 절대로 당신을 버리지 않으십니다. 430년 동안 애굽의 종살이를 한 이스라엘 민족에게 젖과 꿀이 흐르는 가나안을 정복하라고 하셨습니다. 하나님은 계속해서 "담대하라. 강하라. 내가 너와 함께 한다. 그러니 두려워 말라"고 하셨습니다. 그들 앞에는 거인이고 무기로 무장한 일곱 족속이 기다리고 있었습니다. 하지만 하나님이 용사가 되어 그들을 위해 싸워 주신다고 약속하셨습니다.

당신은 무엇이 두렵습니까? 우리에게 가장 큰 적은 '두려움'입니다. 두려움은 더 큰 두려움을 몰고 오고 아무것도 할 수 없는 자포자기의 마음을 갖게 합니다. 하나님이 당신에게 주신 것은 두려워하는 마음이 아니요 오직 능력과 사랑과 절제하는 마음입니다.

성령님께서 당신에게 말씀하십니다.

"조금도 두려워하지 마라."

"조금도 염려하지 마라."

"조금도 부담 갖지 마라."

한순간도 좌절하거나 포기에 대한 생각을 하지 마십시오.

마귀는 걱정 근심을 끊임없이 당신의 생각 속에 집어넣으며 당신을 무너뜨리려 합니다. 마음을 굳게 지켜야 합니다. 마음을 지키는 자는 성을 빼앗은 자보다 낫습니다. "무릇 지킬 만한 것 중에 네 마음을 지키라. 생명의 근원이 이에서 남이니라."(잠 4:23)

믿음이 있는 우리들은 가슴을 펴고 담대히 젖과 꿀이 흐르는 축복의 땅 가나안을 차지하고 누려야 합니다. 애굽에서는 짚을 이겨 벽돌을 만들고 강제적인 노동으로 노예 생활을 했지만. 이제는 애굽에서의 노예 마인드를 버리고 가나안에서 정착할 수 있도록 주인 마인드를 가져야 합니다. 크게 생각하며 입을 크게 열고 크게 채우시는 하나님을 믿고 기다려야 합니다. 최고의 것을 선택하고 하나님의 왕족으로서 좋은 것을 누릴 자격이 있음을 믿으십시오.

이렇게 믿고 말하기 바랍니다.

"나는 하나님의 왕족이고 모든 것을 받아 누릴 자격이 있다."

구체적으로 어떤 것을 받아 누리게 될까요?

첫째, 수고하지 아니한 땅과 건설하지 아니한 성읍을 주십니다.

둘째, 그 가운데에 거주하게 하십니다.

셋째, 심지 아니한 포도원과 감람원의 열매를 먹게 하십니다.

"내가 또 너희가 수고하지 아니한 땅과 너희가 건설하지 아니한 성읍들을 너희에게 주었더니 너희가 그 가운데에 거주하며 너희는 또 너희가 심지 아니한 포도원과 감람원의 열매를 먹는다 하셨느니라."(수 24:13)

이 말씀을 조금도 의심하지 말고 믿기 바랍니다.

그동안 나는 아무것도 한 것이 없습니다. 모든 것이 하나님의 은혜이며, 나는 오직 믿음으로 받아 누리고 있습니다.

내 안에 계신 성령님과 함께하니 많은 복을 주셨습니다.

"성령님, 억만 번이나 감사합니다."

크신 성령님, 사랑합니다

당신은 크신 성령님과 함께 크게 생각합니까?

나는 크게 생각하고 크게 계획하고 크게 행동합니다.

우리 집 소파에는 쿠션이 하나 있는데 무늬나 그림이 없어 밋밋하게 느껴졌습니다. 하루는 내가 아크릴물감으로 쿠션에다가 캘리그라피 글씨를 이렇게 썼습니다.

"크게 생각하라. 모든 일이 쉽다."

이 글을 보면 힘이 납니다.

나는 어떤 문제가 생기면 백배로 크게 생각합니다. 그러면 복잡하고 풀리지 않을 것 같은 문제도 쉽게 해결됩니다.

많은 사람들이 자기 안에 계신 성령님을 작은 분으로 여깁니다.

그래서 자기의 땀과 피와 눈물 곧 율법주의 행위로 성령님을 더 키우겠다고 금식하며 철야하며 몸부림을 칩니다. 성령님은 하나님 이시므로 인간의 노력과 고행과 도를 닦음으로 더 커지지 않습니다.

크신 성령님이 생수의 강처럼 당신 안에, 그리고 내 안에 가득히 들어와 계십니다. 크신 성령님과 함께 크게 생각하십시오.

"명절 끝날 곧 큰 날에 예수께서 서서 외쳐 이르시되 '누구든지 목마르거든 내게로 와서 마시라. 나를 믿는 자는 성경에 이름과 같 이 그 배에서 생수의 강이 흘러나오리라' 하시니 이는 그를 믿는 자 들이 받을 성령을 가리켜 말씀하신 것이라."(요 7:37~39)

생수의 강이 내 인생을 바꾸었습니다.

"사랑하는 성령님, 감사합니다."

성령님의 마음으로 크게 생각하라

세상에서 가장 좋은 것이 성령님이다

당신은 크신 성령님을 아십니까?

세상에서 가장 좋은 것이 성령님입니다. 예수님은 제자들에게 다른 무엇이 아닌 오직 성령님을 구하라고 하셨습니다. "너희가 악할지라도 좋은 것을 자식에게 줄줄 알거든 하물며 너희 하늘 아버지께서 구하는 자에게 성령을 주시지 않겠느냐?"(눅 11:13)

하나님은 성령님을 잘 모르고 관심이 없던 내게, 그로 인해 내 인생이 너무 힘들 때 성령님이 누구신지 가르쳐 주셨습니다.

그때 마침 김열방 목사님의 저서 〈성령을 체험하라〉를 읽게 해주시고 성령님을 인격적으로 부르게 해주셨습니다.

"하나님 아버지, 감사드립니다."

이런 귀한 책을 저술하신 목사님께도 늘 고마운 마음입니다.

하나님은 그 책을 통해 내가 날마다 성령님을 찾고 그분과 친밀하게 교제하며 살게 해주셨습니다. 나는 아침에도 점심에도 저녁에도 늘 성령님을 부르며, 그분과 이야기하고 싶어졌습니다.

나는 성령님과 함께 사는 것이 너무 행복하고 좋습니다.

하나님의 영이신 성령님이 내 안에 살아 계시기 때문입니다.

참 놀랍고 신기하고 이상하고 희한하답니다.

이런 내 인생이 너무 좋고 아름답고 찬란하죠.

아침에 일어나면 나는 성령님께 먼저 인사합니다.

"성령님, 안녕하세요? 오늘도 최고로 행복한 날, 창조와 기적의 날이 되게 해주세요. 저를 축복의 통로, 복음의 통로로 사용해 주셔서 감사합니다. 성령님, 사랑합니다."

이렇게 하루를 시작하고 종일 성령님과 함께 삽니다.

나는 200퍼센트 하나님께 항복하고 200퍼센트 빛으로 승리하는 삶을 살게 해 달라고 구합니다. 그런 내게 하나님은 특별한 것이 없어도 날마다 가슴 설레는 찬란한 하루하루를 선물로 주십니다.

성령님이 들어오실 때 천국을 가지고 오셨고 빛으로 오셨습니다.

그래서 내가 천국의 빛으로 행복하게 살게 해 주셨습니다. 내 마음이 180도 바뀌었으니까요. 나는 순간마다 이렇게 고백합니다.

"저는 성령님이 너무 좋아요. 억만 번이나 감사합니다. 예수님이 너무 좋아요. 억만 번이나 감사합니다. 하나님 아버지가 너무 좋아요. 억만 번이나 감사합니다. 성령님께서 저를 이 땅에서 천국의 행복한 인생을 살게 해 주셨고 후일에 천국 가게 해 주셨습니다. 성령님이 정말 좋아요. 많이 사랑합니다."

예수님이 십자가에서 내 대신 피와 땀과 눈물을 흘리며 값을 다 지불하고 "다 이루었다"(요 19:30)는 온전한 복음 곧 천국 복음이 내 인생을 바꾸었습니다. 나는 새로운 피조물이 되었습니다.

예수님 때문에 나는 의인이 되었습니다.
예수님 때문에 나는 성령 충만 받았습니다.
예수님 때문에 나는 건강합니다.
예수님 때문에 나는 부요합니다.
예수님 때문에 나는 지혜롭습니다.
예수님 때문에 나는 평안합니다.
예수님 때문에 나는 생명을 얻었습니다.

당신도 성령님과 함께 하는 이 복음으로 복을 받으세요.
단지 예수님을 구주로 믿으면 됩니다. 그러면 죄를 사함 받고 성령으로 거듭나서 하나님의 자녀가 되고 날마다 구원의 감격을 누리며 행복한 삶을 살게 됩니다. 예수님은 어둠에 있던 나를 빛으로 살게 해 주셨습니다. 절망에 있던 나를 희망으로 살게 해 주셨습니다.
당신도 지금 예수님을 믿으세요. 그러면 행복해집니다.

지금이 은혜 받을 만한 때입니다

당신은 언제가 은혜 받을 때라고 생각하십니까?

내일이 아닌 지금입니다. 지금이 바로 당신이 은혜 받을 만한 때요 구원의 날입니다. "보라, 지금은 은혜 받을 만한 때요. 보라 지금은 구원의 날이로다."(고전 6:2)

인생은 지금의 선택이 중요합니다. 지금이 예수님을 믿을 때입니다. 지금이 은혜 받을 때입니다. 지금이 구원 받을 때입니다. 내일이 아닌 지금요. 지금 은혜를 받고 구원을 받으세요.

나는 성격도 느리고 일이 생기면 잘 미루는 편입니다.

뭐든 오늘이 아닌 내일 하려고 합니다. 어떤 일이든 '다음에 해야지'라고 생각하곤 했는데, 하나님은 "지금 하라"고 하셨습니다.

성령님은 당신에게 이렇게 말씀하십니다.

"지금 구원을 받으라."

"지금 예수님을 믿으라."

"지금 성령님을 의지하라."

"지금 하나님께 기도하라."

"지금 복음을 전하라."

그래서 나는 잊어버리지 않기 위해 '지금'이라고 써서 벽에 붙여 놓고 쳐다보고 또 읽어봅니다. 그래서 믿음으로 모든 일을 대하며 '지금 해야지'라고 생각합니다. 소금이나 황금보다 더 귀한 것이 '지금'입니다. 지금 해야 합니다. 지금 안 하면 할 수 없으니까요.

내일 내가 있을지 없을지 모르잖아요.

성령님이 가르쳐 주셨습니다. 지금 책을 쓰라고, 지금 복음을 전하라고, 지금 예수님을 자랑하라고. 그래서 나는 기도합니다.

"성령님, 감사합니다. 저에게 귀한 복음을 주시고, 이 복음을 전할 수 있는 길도 열어 주시고, 이렇게 책을 써서 복음을 전하게 해 주셔서 감사합니다. 하나님 아버지, 억만 번이나 감사합니다. 예수님, 억만 번이나 감사합니다. 성령님, 억만 번이나 감사합니다. 이제는 누구든지 만나면 성령님께서 가르쳐 주신대로 지금 예수님 믿고 구원 받으라고, 그러면 천국같이 살다가 천국에 간다고 얘기할 세요. 성령님. 그렇게 할 수 있도록 도와주세요."

내 안에는 영원히 목마르지 않는 샘물이 있다

당신 안에는 누가 있습니까?

내 안에는 영원히 목마르지 않는 샘물이 있습니다.

그 샘물은 바로 예수 그리스도의 영이신 성령님이시며, 그분이 내 안에 실제로 살아 계십니다. 그분은 내 안에서 영생하도록 솟아나는 샘물이십니다. 그래서 나는 한없이 행복합니다. "내가 주는 물을 마시는 자는 영원히 목마르지 아니하리니 내가 주는 물은 그 속에서 영생하도록 솟아나는 샘물이 되리라."(요 4:14)

나는 어릴 때 전도자가 동네에서 북치고 다니며 "예수님을 믿으라"고 동네 아이들을 다 데리고 갈 때 따라서 교회에 갔습니다. 그때 맛있는 것도 먹고 재미있고 참 좋았습니다. 그리고는 가지 않았습니다. 그 뒤에 친구 따라 다시 교회에 갔는데 아무것도 할 줄 모르고, 또 하는 것도 없는데 교회만 갔다 오면 그렇게 좋았습니다.

자꾸 성경이 읽고 싶어졌고 눈만 뜨면 너무 기분이 좋았습니다.

찬양도 잘 모르는데 내 입에서 자꾸 흥얼거리고 나왔습니다. 길을 걸을 때나 화장실에 가도 찬양이 자꾸 나오고 마음이 아무 이유 없이 그렇게 기뻤습니다. 계속 입이 열려 웃음이 나오고 특별한 것이 없는데도 말할 수 없이 행복했습니다. 그런데 나는 그게 하나님이 내게 주신 은혜인지 모르고 지나갔습니다.

그 후에도 하나님을 믿는다고 했지만 좋은 날도 힘든 날도 계속 왔다 갔다 했고 어떻게 살아야 될지 몰랐습니다. '인생이 뭐지?' 하고 늘 방황하며 찾았습니다. '내 인생은 왜 이럴까? 왜 이럴까? 어떻게 살아야 하나?' 밤낮으로 성령님께 물어봤습니다.

그때 나는 '하나님이 계신다면 내가 이렇게 힘들지 않고 뭔가 꼭 더 있을 것 같은데, 그걸 좀 알고 싶은데' 하고 계속 찾고 또 찾다가 김열방 목사님의 책 〈성령을 체험하라〉를 읽고 성령님을 만났습니다. 그분이 날마다 성령님과 교제하며 사는 놀라운 이야기를 읽으며 '어떻게 이런 인생이 있을까?' 하며 나는 너무 놀랐습니다.

그것은 바로 내 안에 살아 계신 성령님, 곧 영원히 목마름이 없는 생수의 강이신 성령님과 함께 사는 천국같이 행복한 인생이었습니다. 지금은 내가 그렇게 살고 있습니다. 내 인생에 가장 놀랍고 큰 기적이 일어난 것입니다. 당신도 그렇게 될 수 있습니다.

당신도 성령으로 사는 인생, 성령 충만한 인생, 성령의 기름 부음이 넘치는 인생, 성령님의 음성을 듣는 인생, 성령님과 교제하며 설

레는 인생, 성령님과 평생 함께 살아가는 인생, 성령님으로 인해 목
마름이 없는 샘솟는 인생을 살 수 있습니다.

예수님을 주인으로 영접하고 성령을 받으세요.

그러면 내가 사는 것이 아니라 성령님이 살게 해 주십니다.

저절로 잘되게 해 주십니다. 믿음으로 살게 해 주십니다.

천국 복음 안에서 천국같이 행복한 삶을 살게 해 주십니다.

최고의 인생, 다이아몬드보다 더 귀한 인생을 살게 해 주십니다.

지금, 지금 예수님을 믿으세요. 지금 해야 합니다. 지금 믿어야
합니다. 하나님은 당신을 많이 사랑하십니다. 당신은 아주 존귀한
사람입니다. 하나님이 당신을 외아들처럼 사랑하십니다.

"하나님이 세상을 이처럼 사랑하사 독생자를 주셨으니 이는 그를
믿는 자마다 멸망하지 않고 영생을 얻게 하려 하심이라."(요 3:16)

성령 안에서 하는 믿음의 말이 기적을 낳는다

당신은 살면서 어떤 말을 많이 합니까?

나는 말을 하고 살 수 있다는 것이 너무 감사합니다.

말에는 창조적인 힘이 있습니다. 말은 하나님이 인간에게 주신
아주 막강한 도구입니다. 말로 기도하고, 말로 전도하고, 말로 찬송
하고, 말로 사랑과 믿음을 고백합니다. 말로 "이 산을 들어 바다에
빠지라"고 명령하면 그대로 됩니다. 그러므로 말하는 입에 성령님
이 임하시게 해야 합니다. 당신의 입을 거룩하게 하십시오.

부정적인 말은 한 마디도 하지 말고 오직 믿음의 말만 하십시오. 매일 아침에 일어나면 이렇게 말하며 성령님께 도움을 구하세요.

"성령님, 오늘도 부정적인 말은 한 마디도 하지 않게 해주세요."
"성령님, 오늘도 예수님 이야기만 하게 해주세요."
"성령님, 오늘도 믿음의 말만 하게 해주세요."

나는 예수님을 믿고, 성령 안에서 입을 열게 하시고 말을 하게 해주신 하나님 아버지께 감사드립니다. 하나님이 사람에게 주신 가장 큰 도구는 '언어'이며, 혼자 있든 사람들을 만나든 뭔가를 말하고 사는 것이 인생인데, 나는 무슨 말을 해야 되는지 몰랐습니다.

단순히 남의 이야기를 많이 듣기만 하고, 꼭 필요한 말만 하고, 말로 실수하지 않기 위해 말을 적게 하며 살면 되는 줄로만 알았습니다. 참으로 답답한 아이였습니다. 그런데 하나님이 무슨 말을 해야 되는지 내게 가르쳐 주셨습니다. 복음을 알게 해 주신 것입니다.

이제는 복음을 많이 말하며 살고 싶습니다. 그래서 나는 복음의 인생을 살고, 복음을 노래하고, 복음을 선포하고, 복음 작가로 책을 쓰고 있습니다. 복음을 누리고 복음을 전하고 복음으로 기도합니다.

복음이 내 인생을 바꾸었습니다.

나는 오직 복음으로 사람을 살리는 말을 많이 하면서 살려고 합니다. 복음의 영광이 내 안에 가득하고 나를 덮고 있습니다.

이 작은 입이 복음으로 산다는 것, 이 작은 몸이 복음으로 산다는 것, 이 작은 인생이 복음으로 산다는 것, 너무나도 놀랍고 놀랍습니다. 기적 중의 기적입니다. 나는 말할 수 없이 행복합니다. 내 안에 성령님이 계시니까요. 내가 하나님의 자녀니까요. 복음은 예수님이 내 대신 십자가에서 피 흘려 죽으시고 "다 이루었다"고 말합니다.

존귀하신 하나님의 아들 예수님이 내 대신 십자가에 매달려 내 죄와 목마름, 병과 가난, 어리석음과 징계와 죽음을 다 짊어지고 죽으신 후 3일 만에 부활하셨습니다. 그분이 내 대신 피와 땀과 눈물을 흘리셨습니다. 나는 믿음으로 의인이 되었습니다. 믿음으로 성령 충만 받았습니다. 믿음으로 건강합니다. 믿음으로 부요합니다. 믿음으로 지혜롭습니다. 믿음으로 평화가 넘칩니다 믿음으로 생명을 얻었습니다. 당신도 지금 예수님을 믿고 구원 받으세요.

하나님은 당신을 사랑하십니다. "사람이 마음으로 믿어 의에 이르고 입으로 시인하여 구원에 이르느니라"(롬 10:10)고 했습니다.

당신이 예수를 구주로 믿으면 하나님의 자녀가 됩니다.

"영접하는 자 곧 그 이름을 믿는 자들에게는 하나님의 자녀가 되는 권세를 주셨으니 이는 혈통으로나 육정으로나 사람의 뜻으로 나지 아니하고 오직 하나님께로부터 난 자들이니라."(요 1:12~13)

지금 나를 따라서 작은 목소리로 이렇게 고백하기 바랍니다.

"하나님 아버지, 예수 그리스도가 내 모든 죄와 저주를 짊어지고 십자가에서 대신 죽으시고 부활하신 하나님의 아들이심을 마음으로 믿고 입술로 고백합니다. 저는 지금 예수님의 보혈로 죄를 사함 받았고 성령으로 거듭나 하나님의 자녀가 되었습니다. 저를 구원해 주셔서 감사합니다. 예수님의 이름으로 기도합니다. 아멘."

축하합니다. 당신은 이제 하나님의 자녀가 되었습니다.

당신은 그리스도 안에서 새로운 피조물이 되었습니다.

"그런즉 누구든지 그리스도 안에 있으면 새로운 피조물이라. 이전 것은 지나갔으니 보라 새것이 되었도다."(고후 5:17)

예수님 때문에 당신은 의인이 되었습니다.

예수님 때문에 당신은 성령 충만 받았습니다.

예수님 때문에 당신은 건강합니다.

예수님 때문에 당신은 부요합니다.

예수님 때문에 당신은 지혜롭습니다.

예수님 때문에 당신은 평안합니다.

예수님 때문에 당신은 생명을 얻었습니다.

하나님의 자녀의 권세는 기도하는 권세다

예수님이 당신의 구주인 것을 마음으로 믿습니까?

예수님을 믿고 구원받는 것은 '느낌'이 아닌 '영적 사실'입니다.

당신이 지금 예수님을 믿고 하나님의 자녀가 되었다면 영원한 생명, 큰 생명, 새 생명을 가졌고 하늘나라 시민권을 가졌습니다.

요한복음 6장 47절에 "진실로 진실로 너희에게 이르노니 믿는 자는 영생을 가졌나니"라고 했고 빌립보서 3장 20절에 "우리의 시민권은 하늘에 있는지라"고 했기 때문입니다. 이 사실을 믿으세요.

하나님의 자녀의 신분을 받은 사람에게는 기본적으로 두 가지 놀라운 권세가 주어집니다. 그것이 무엇일까요?

첫째는, 예수 이름으로 하나님 아버지께 무엇이든지 구해서 응답받는 권세입니다. "내 이름으로 무엇이든지 내게 구하면 내가 행하리라"(요 14:14)고 했습니다. 당신도 무엇이든지 구하십시오.

둘째는, 예수 이름으로 귀신을 쫓아내고 새 방언을 말하며 병든 사람에게 손을 얹어 낫게 하는 권세입니다. "믿는 자들에게는 이런 표적이 따르리니 곧 그들이 내 이름으로 귀신을 쫓아내며 새 방언을 말하며 뱀을 집어올리며 무슨 독을 마실지라도 해를 받지 아니하며 병든 사람에게 손을 얹은즉 나으리라 하시더라."(막 16:17)

하나님 아버지께 구해서 응답받으려면 구체적인 꿈과 소원이 있어야 합니다. 마태복음 17장 20절에 "만일 너희에게 믿음이 겨자씨 한 알 만큼만 있어도 이 산을 명하여 여기서 저기로 옮겨지라 하면 옮겨질 것이요 또 너희가 못할 것이 없으리라"고 했는데, 여기에 막연한 산이 아닌 구체적으로 "이 산을"이라고 했습니다. 옮겨지는 장소도 구체적입니다. "여기서 저기로 옮겨지라"고 했습니다. 그리고 울며 기도하라고 하지 않고 "명령하라"고 했습니다. 놀랍지 않습니까? 성령님이 오시고 예수 이름이 주어진 지금의 시대는 기도하는 방식이 많이 달라졌습니다. 우리가 주님의 임재를 즐기며 오랜 시간 영으로 기도하며 보내는 것은 중요하지만 어떤 문제를 놓고 기도할 때는 예수 이름으로 담대히 명령해야 합니다.

오래 기도하는 것이 율법의 행위나 육체의 자랑이 되지 않도록 주의해야 합니다. 항상 겸손하고 예수님의 은혜만 자랑해야 합니다.

"또 무리에게 이르시되 아무든지 나를 따라오려거든 자기를 부인

하고 날마다 제 십자가를 지고 나를 따를 것이니라."(눅 9:23)

예수님은 크신 분입니다. 예수님은 먼지나 작은 돌멩이를 향해 명령하라고 하지 않고 산을 향해 명령하라고 하셨습니다. 큰 문제도 믿음의 말과 명령을 하므로 쉽게 해결하라는 말씀입니다. 예수님과 함께 크게 생각하고 크게 말하고 크게 명령하십시오.

네 입을 크게 열라. 내가 채우리라

하나님은 당신에게 입을 넓게 열라고 말씀하십니다.

"나는 너를 애굽 땅에서 인도하여 낸 여호와 네 하나님이니 네 입을 크게 열라 내가 채우리라."(시 81:10)

입을 넓게 열려면 '생각의 입'이 커야 합니다.

생각의 입이 커지려면 어떻게 해야 할까요? 크신 성령님의 마음으로 열방을 통의 한 방울 물처럼 작게 여기면 됩니다.

열방은 무엇일까요? 혈통과 육정과 사람의 뜻, 그리고 돈, 명예, 권력, 학벌, 자산, 군중 등 '눈에 보이는 만물'입니다.

혈통은 부모와 자녀, 남편과 아내를 말합니다.

육정은 친척과 친구, 모든 지인들과의 인간적인 정을 말합니다. 사람의 뜻은 율법주의와 육체의 행위를 말합니다. 그 모든 것을 통의 한 방울 물처럼 작게 여기십시오. 돈도 10만 원이든, 10억이든 한 방울 물처럼 작게 여기십시오. 명예와 권력, 학벌도 그렇습니다.

넓은 땅과 고층 빌딩, 멋진 자동차와 고급 아파트, 큰 무리의 군중도 한 방울의 물처럼 작게 여기십시오. 천지를 창조하신 성령님을 모시고 사는 하나님의 자녀는 그 모든 것을 작게 여겨야 합니다.

그리고 그런 것에 목말라 하지 말아야 합니다.

당신은 도대체 무엇 때문에 목마릅니까? 부모에게 인정받고자 목마릅니까? 자녀의 성공 때문에 목마릅니까? 남편의 칭찬에 목마릅니까? 친구의 우정에 목마릅니까? 더 많은 자산에 목마릅니까? 군중의 숫자에 목마릅니까? 목마른 사람은 행복할 수 없습니다.

왜 그렇게 목마를까요? 사람의 영광을 취하려고 애쓰기 때문입니다. 예수님은 요한복음 5장 44절에 "너희가 서로 영광을 취하고 유일하신 하나님께로부터 오는 영광은 구하지 아니하니 어찌 나를 믿을 수 있느냐?"라고 책망하셨습니다. 모든 목마름은 사람의 영광을 취하려는 데서 옵니다. 그런 마음을 지금 당장 버리십시오.

그리고 매일 아침 눈을 뜨면 이렇게 도움을 구하십시오.

"성령님, 제가 사람의 영광을 조금도 구하지 않게 해주세요. 오직 하나님의 영광만 구하게 해주세요."

성령님을 모신 사람이 사람의 영광을 구하는 것은 마귀에게 속고 있는 것이며, 육신의 생각에 사로잡힌 것입니다. 성령님을 모신 당신은 더 이상 사람의 영광을 구할 필요가 없습니다. 왜일까요?

예수의 영이신 성령님이 아버지의 나라와 권세와 영광을 모두 가지고 당신 안에 생수의 강으로 넘치게 들어와 계시기 때문입니다.

예수님은 시험에 들지 않도록 기도하라고 하셨습니다.

어떤 기도를 하면 될까요? 마태복음 6장 13절에 잘 나옵니다.

"우리를 시험에 들게 하지 마시옵고 다만 악에서 구하시옵소서.

나라와 권세와 영광이 아버지께 영원히 있사옵나이다 아멘."

우리가 시험에 들지 않고 악에서 빠져나올 수 있는 방법은 "나라와 권세와 영광이 아버지께 영원히 있다"는 것을 알고, 그 아버지가 성령으로 내 안에 들어와 계신다는 것을 깨닫는데 있습니다. 그러면 사람의 나라와 권세와 영광을 추구하지 않고 자유를 얻습니다.

예수님은 제자들에게 "너희 속에서 말씀하시는 이 곧 너희 아버지의 성령이시니라"(마 10:20)고 하셨습니다. 여기서 '아버지의 성령'이라고 했습니다. 우리 안에 계신 성령님은 예수의 영 곧 아들의 영이기도 하지만, 하나님의 영 곧 아버지의 영이기도 합니다.

"아버지가 내 안에 있다." 그러면 끝난 것입니다.

'나라와 권세와 영광을 가지신 아버지가 내 안에 있음'을 모르기 때문에 세상으로부터 나라와 권세와 영광을 더 많이 얻으려고 몸부림치는 것입니다. 그런 사람은 예수님을 잘 믿을 수 없습니다.

아버지의 성령을 자기 안에 모신 사람은 사람의 인정과 칭찬, 사람의 영광에 더 이상 목마르지 않고 항상 행복합니다. 당신 안에 지금 아버지의 성령을 통해 생수의 강이 흐르고 있음을 믿고 모든 목마름에서 완전히 자유하기 바랍니다. 당신은 행복한 사람입니다.

모든 일에 믿음을 지키십시오. 어떤 일에 조금 성공했다고 마음이 교만해지지 말고 또 조금 더디 이뤄진다고 낙망하지 마십시오.

일초도 염려, 낙망, 좌절, 포기하지 않겠다고 결심하십시오. 당신 안에 계신 성령님은 염려, 낙망, 좌절, 포기하지 않는 분이십니다.

성령님은 천지 만물보다 더 실제적인 분이십니다. 그분은 당신이 염려하는 모든 것을 이미 다 알고 계시며, 자상하고 섬세한 손길로 돌보시는 아버지의 영이십니다. 그분을 의지하며 그분의 능하신 손 아래서 늘 겸손하십시오. "하나님은 교만한 자를 대적하시되 겸손한 자들에게는 은혜를 주시느니라. 그러므로 하나님의 능하신 손 아래에서 겸손하라. 때가 되면 너희를 높이시리라. 너희 염려를 다 주께 맡기라, 이는 그가 너희를 돌보심이라."(벧전 5:5~7)

항상 겸손한 마음으로 생활하며 밤낮 그분의 은혜를 구하십시오. 하나님의 은혜가 지금도 당신을 이끌어 가고 있습니다.

"은혜의 성령님, 사랑합니다."

나는 크신 성령님을 모시고 산다

당신 안에 계신 성령님은 어떤 분이실까요? 크신 분입니다.

결코 작고 연약한 분이 아닙니다. 그분은 창조자 하나님이십니다. 이사야 선지자는 '크신 성령님'에 대해 말했습니다.

성경에서 말하는 성령님은 어떤 분이실까요?

첫째, 성령님은 강한 자이십니다. "보라 주 여호와께서 장차 강한 자로 임하실 것이요 친히 그의 팔로 다스리실 것이라."(사 40:10)

둘째, 성령님은 상급과 보응을 주십니다. "보라, 상급이 그에게 있고 보응이 그의 앞에 있으며……."(사 40:10)

셋째, 성령님은 인생과 가정을 인도하시는 목자이십니다. "그는 목자 같이 양 떼를 먹이시며 어린 양을 그 팔로 모아 품에 안으시며 젖먹이는 암컷들을 온순히 인도하시리로다."(사 40:11)

넷째, 성령님은 손바닥으로 바닷물을 헤아리며 뼘으로 하늘을 재는 크신 분입니다. "누가 손바닥으로 바닷물을 헤아렸으며 뼘으로 하늘을 쟀으며 땅의 티끌을 되에 담아 보았으며 접시 저울로 산들을, 막대 저울로 언덕들을 달아 보았으랴?"(사 40:12)

다섯째, 성령님은 지도자와 모사이십니다. "누가 여호와의 영을 지도하였으며 그의 모사가 되어 그를 가르쳤으랴?"(사 40:13)

여섯째, 성령님은 모든 것을 아는 분입니다. "그가 누구와 더불어 의논하셨으며 누가 그를 교훈하였으며 그에게 정의의 길로 가르쳤으며 지식을 가르쳤으며 통달의 도를 보여 주었느냐?"(사 40:14)

일곱째, 성령님께는 열방이 통의 한 방울 물과 같이 작습니다. "보라, 그에게는 열방이 통의 한 방울 물과 같고 저울의 작은 티끌 같으며 섬들은 떠오르는 먼지 같으리니 레바논은 땔감에도 부족하겠고 그 짐승들은 번제에도 부족할 것이라."(사 40:15~16)

여덟째, 성령님께는 열방이 아무것도 아닙니다. "그의 앞에는 모든 열방이 아무것도 아니라. 그는 그들을 없는 것 같이, 빈 것 같이 여기시느니라."(사 40:17)

아홉째, 성령님은 인격체이십니다. 인간이 만든 우상은 말 못하고 듣지 못합니다. "그런즉 너희가 하나님을 누구와 같다 하겠으며 무슨 형상을 그에게 비기겠느냐? 우상은 장인이 부어 만들었고 장색이 금으로 입혔고 또 은 사슬을 만든 것이니라."(사 40:18~19)

열째, 성령님을 주인으로 모신 사람은 조금도 궁핍하지 않고 모든 일에 그분의 풍성한 공급을 받아 누리는 비옥한 삶을 살게 됩니다. 하지만 세상 지혜를 따라 우상을 숭배하는 자들은 궁핍하고 흔들리고 썩는 비참한 인생을 살게 됩니다. "궁핍한 자는 거제를 드릴 때에 썩지 아니하는 나무를 택하고 지혜로운 장인을 구하여 우상을 만들어 흔들리지 아니하도록 세우느니라."(사 40:20)

열한째, 성령님이 보실 때 땅에 사는 사람들은 메뚜기처럼 작습니다. "너희가 알지 못하였느냐 너희가 듣지 못하였느냐 태초부터 너희에게 전하지 아니하였느냐? 땅의 기초가 창조될 때부터 너희가 깨닫지 못하였느냐? 그는 땅 위 궁창에 앉으시나니 땅에 사는 사람들은 메뚜기 같으니라."(사 40:21~22)

열둘째, 성령님은 창조주 하나님이십니다. "그가 하늘을 차일 같이 펴셨으며 거주할 천막 같이 치셨고……."(사 40:22)

열셋째, 성령님의 임재하심 앞에 모든 육체는 풀과 같고 그 모든 영광은 풀의 꽃과 같습니다. "귀인들을 폐하시며 세상의 사사들을 헛되게 하시나니 그들은 겨우 심기고 겨우 뿌려졌으며 그 줄기가 겨우 땅에 뿌리를 박자 곧 하나님이 입김을 부시니 그들은 말라 회오리바람에 불려 가는 초개 같도다."(사 40:23~24)

열넷째, 성령님은 누구와도 비교할 수 없고 완전히 구별된 거룩하신 분입니다. "거룩하신 이가 이르시되 그런즉 너희가 나를 누구에게 비교하여 나를 그와 동등하게 하겠느냐 하시니라."(사 40:25)

열다섯째, 성령님은 권세가 크고 능력이 강한 분이시며, 모든 것의 이름을 하나도 빠짐없이 부르시는 지혜로우신 분입니다. 그분은 당신의 이름도 직접 부르십니다. "너희는 눈을 높이 들어 누가 이 모든 것을 창조하였나 보라. 주께서는 수효대로 만상을 이끌어 내시고 그들의 모든 이름을 부르시나니 그의 권세가 크고 그의 능력

이 강하므로 하나도 빠짐이 없느니라."(사 40:26)

열여섯째, 성령님은 당신의 모든 길과 송사를 하나도 빠짐없이 다 알고 계시며 정확한 길로 인도하십니다. "야곱아 어찌하여 네가 말하며 이스라엘아 네가 이르기를 내 길은 여호와께 숨겨졌으며 내 송사는 내 하나님에게서 벗어난다 하느냐."(사 40:27)

열일곱째, 성령님은 땅 끝까지 창조하신 분이십니다. 그분은 피곤하지 않고 곤비하지 않고 명철이 한이 없는 분이십니다. "너는 알지 못하였느냐? 듣지 못하였느냐? 영원하신 하나님 여호와, 땅 끝까지 창조하신 이는 피곤하지 않으시며 곤비하지 않으시며 명철이 한이 없으시며……."(사 40:28)

열여덟째, 성령님은 피곤한 자에게는 능력을 주시며, 무능한 자에게는 힘을 더하시며, 그분을 앙망하는 자에게는 새 힘을 주시는 분입니다. "피곤한 자에게는 능력을 주시며 무능한 자에게는 힘을 더하시나니 소년이라도 피곤하며 곤비하며 장정이라도 넘어지며 쓰러지되 오직 여호와를 앙망하는 자는 새 힘을 얻으리니 독수리가 날개치며 올라감 같을 것이요 달음박질하여도 곤비하지 아니하겠고 걸어가도 피곤하지 아니하리로다."(사 40:29~31)

이 얼마나 놀라운 분입니까? 나는 이런 성령님을 사랑합니다.

크신 성령님이 내 안에 계시므로 나의 목마름이 다 사라졌습니다. 그래서 날마다 행복합니다. 나는 그분께 고백합니다.

"나를 행복하게 하신 성령님, 사랑합니다."

성령님과 교제하며 기도하라

성령님, 고맙습니다

당신은 성령님께 고맙다는 말을 자주 합니까?

내 안에 살아 계신 성령님은 내가 늘 고맙다고 말씀드릴 분입니다. 왜 그럴까요? 내 인생이 성령님으로 말미암아 참 자유를 누리게 되었기 때문입니다. 성령님은 내 모든 일에 자유를 주셨습니다.

예수를 믿음으로 나는 자유로운 사람이 되었습니다. "주는 영이시니 주의 영이 계신 곳에는 자유가 있느니라."(고후 3:17)

예전에 나는 '예수님이 십자가에서 다 이룬 복음'을 깨닫기 전까지 자유를 누리지 못했습니다. 사탄의 거짓말에 속고 산 것입니다.

우리가 죄인이었을 때 하나님이 우리를 한없이 사랑하셨습니다.

그분은 우리에게 자유를 주시려고 독생자 예수 그리스도를 아낌없이 십자가에 내어 주셨고 피와 물을 쏟게 했는데, 이것이 하나님의 사랑입니다. "하나님의 사랑이 우리에게 이렇게 나타난 바 되었으니 하나님이 자기의 독생자를 세상에 보내심은 그로 말미암아 우리를 살리려 하심이라. 사랑은 여기 있으니 우리가 하나님을 사랑한 것이 아니요 하나님이 우리를 사랑하사 우리 죄를 속하기 위하여 화목제물로 그 아들을 보내셨음이라."(요일 4:9~10)

나는 예수님을 믿었지만 하나님 아빠가 육신을 입고 이 땅에 오신 예수님이라는 사실을 몰랐습니다. 나는 오랫동안 사탄의 거짓말에 속았고 나 자신만 바라봤습니다. 육신의 생각은 어리석은 생각이요 결과는 사망입니다. "너희가 이같이 어리석으냐? 성령으로 시작하였다가 이제는 육체로 마치겠느냐?"(갈 3:3)

육신의 생각은 어리석게 만듭니다. 성령을 훼방합니다.

예수를 구주로 믿는다고 하면서도 육신의 생각을 따라 사는 사람들이 많은데 그러면 오히려 삶이 힘들고 고달파집니다. 나는 그런 삶을 살아봤습니다. 복음을 깨닫기 전의 날들을 떠올리면 지옥 같습니다. 그런데 성령의 사람으로 사는 것은 천국같이 행복합니다.

그래서 나는 천국 가는 날까지 성령의 사람으로 살기로 선택했습니다. 그래야 그리스도 안에서 한없이 행복하기 때문입니다.

내가 쓴 책 〈아름다운 여인이여〉라는 시집에 있는 내용을 잠깐 소개합니다. 이 책을 꼭 구입해서 읽어보세요. 정말 좋습니다.

나의 사랑하는 자는

나의 사랑하는 자는 항상 미소를 짓는구나.
태산과 태풍 앞에서도 미소가 떠나지 않는구나.

지금 내게 주어진 일분일초는 얼마나 소중한가?
시간은 생명이다. "째깍째깍."

사람들은 갈급해 이리저리 돌아다니지만
나는 행복한 마음으로 앞만 보고 주님과 함께 달린다.

무엇을 위해 산들 이렇게 행복할까?
백년을 더 살아도 모르는 것이 인생인데
나는 정처 없이 떠돌다 내 구주를 만났다.

괴롭고 허무한 내 인생의 어느 날
참 빛이 들어오자 혼탁한 것이 다 떠나갔다.
내 안에 아름답고 청초한 예수님의 마음이 자리 잡았다.

죄로 물든 내가 의로운 삶을 살게 되었다.
그분이 뜨거운 피로 나를 적셔 주셨기 때문이다.

내게 자유를 주기 위해 예수님께서 모든 피와 물을 다 쏟으셨습
니다. 한없이 고마운 분입니다. 고맙다는 말은 관계 속에서 주어지

는 표현입니다. 그래서 나는 자주 성령님께 고맙다는 말을 합니다.

"성령님, 고맙습니다."

나는 한 달에 한 번 엄마에게 용돈을 입금합니다. 엄마는 그때마다 "너나 쓰지. 고맙다. 잘 쓸게"라고 말씀하십니다.

나는 그런 엄마의 말을 들으면 두 눈에 눈물이 가득 고입니다.

오히려 내가 엄마에게 고마워해야 하는데 엄마가 내게 고맙다고 말씀하기 때문입니다. 서로 사랑하기 때문인 것 같습니다.

왜 우리는 하나님께 고맙다는 말을 해야 할까요?

첫째, 십자가에서 나를 낳아 준 것만 해도 고맙기 때문입니다.

예수님은 말로 다 표현할 수 없을 정도로 매를 맞았습니다. 많은 군인들 속에서 온갖 놀림과 조롱을 당했습니다. 그리고 십자가에 못 박히기까지 했습니다. 머리가 탈 정도의 뜨거운 태양 아래 벌거 벗은 채로 매달리셨습니다. 온 몸에 상처투성이였습니다. 그런 아픔 속에서 우리를 위해 모든 수욕을 참고 견디셨습니다.

"제 육시가 되매 온 땅에 어둠이 임하여 제 구시까지 계속하더니 제 구시에 예수께서 크게 소리 지르시되 '엘리 엘리 라마 사박다니' 하시니 이를 번역하면 '나의 하나님, 나의 하나님, 어찌하여 나를 버리셨나이까' 하는 뜻이라. 곁에 섰던 자 중 어떤 이들이 듣고 이르되 '보라, 엘리야를 부른다' 하고 한 사람이 달려가서 해면에 신 포도주를 적시어 갈대에 꿰어 마시게 하고 이르되 '가만 두라, 엘리 야가 와서 그를 내려 주나 보자' 하더라. 예수께서 큰 소리를 지르시고 숨지시니라."(막 15:33~37)

나는 복음을 깨닫고 내게 자유를 주기 위해 십자가에서 다 이루신 예수님이 내 남편인 걸 알게 되었습니다. 내 남편 예수님은 억만 번이나 고마운 분입니다. 나는 하루하루 예수님을 껴안고 삽니다.

"나의 예수님, 영원히 사랑합니다."

둘째, 고맙다는 말은 감사하기 때문에 하는 것입니다.

나는 복음을 깨닫고 하나님 아빠에게 감사하기 시작했습니다. 저절로 고맙다는 말을 습관처럼 하게 되었습니다. 나는 평소에도 성령님과 고맙다는 말을 서로 주고받습니다. 그래서 더욱 행복합니다.

셋째, 모든 사람은 하나님과의 일대일 관계 속에 살고 있습니다.

그래서 나는 '나의 하나님'께 고맙다는 말씀을 드립니다. 하나님은 죽은 자의 하나님이 아니요 살아 있는 자의 하나님이십니다.

"죽은 자가 살아난다는 것은 모세도 가시나무 떨기에 관한 글에서 주를 '아브라함의 하나님이요 이삭의 하나님이요 야곱의 하나님이시라' 칭하였나니 하나님은 죽은 자의 하나님이 아니요 살아 있는 자의 하나님이시라. 하나님에게는 모든 사람이 살았느니라 하시니."(눅 20:37~38)

하나님이 그 아들 예수의 피를 쏟으며 나를 낳아 주셨습니다.

"십자가의 보혈로 나를 낳아 준 하나님 아빠, 고맙습니다."

예수님을 본받는 삶을 살라

당신은 하나님 아빠라는 말만 들어도 눈물이 납니까?

나는 하나님 아빠에 대해 잘 모르고 힘들게 고생하며 살다가 천국에 갈 사람이었습니다. 예수님을 믿기는 했지만 내 안에 살아 계신 하나님 아빠를 몰랐기 때문입니다. 예수님이 말씀하셨습니다.

"그가 또 이 비유로 백성에게 말씀하시기 시작하시니라. 한 사람이 포도원을 만들어 농부들에게 세로 주고 타국에 가서 오래 있다가 때가 이르매 포도원 소출 얼마를 바치게 하려고 한 종을 농부들에게 보내니 농부들이 종을 몹시 때리고 거저 보내었거늘 다시 다른 종을 보내니 그도 몹시 때리고 능욕하고 거저 보내었거늘 다시 세 번째 종을 보내니 이 종도 상하게 하고 내쫓은지라. 포도원 주인이 이르되 '어찌할까? 내 사랑하는 아들을 보내리니 그들이 혹 그는 존대하리라' 하였더니 농부들이 그를 보고 서로 의논하여 이르되 '이는 상속자니 죽이고 그 유산을 우리의 것으로 만들자' 하고 포도원 밖에 내쫓아 죽였느니라. 그런즉 포도원 주인이 이 사람들을 어떻게 하겠느냐? 와서 그 농부들을 진멸하고 포도원을 다른 사람들에게 주리라 하시니 사람들이 듣고 이르되 '그렇게 되지 말아지이다' 하거늘 그들을 보시며 이르시되 '그러면 기록된 바 건축자들의 버린 돌이 모퉁이의 머릿돌이 되었느니라 함이 어찜이냐? 무릇 이 돌 위에 떨어지는 자는 깨어지겠고 이 돌이 사람 위에 떨어지면 그를 가루로 만들어 흩으리라' 하시니라."(눅 20:9~18)

이스라엘에 선지자들을 보냈던 하나님께서 때가 차매 품속에 있던 독생자 예수 그리스도를 이 땅에 보내셨습니다. 이스라엘 민족들은 하나님의 종인 선지자들을 많이 죽였고 또 하나님의 아들이신 예수님도 십자가에 못 박히게 빌라도에게 내줬습니다. 하나님의 은혜로 이방인들에게 복음이 전해졌고 우리도 복음을 듣게 되었습니다. 구원의 은혜가 내게까지 임한 것입니다. 나는 예수님이 십자가에서 다 이룬 복음을 깨닫고 인생이 바뀌었습니다. 그것은 바로 십자가의 속량의 은혜로 받은 복인데 일곱 가지입니다.

"나는 의인이다."(롬 1:17)
"나는 성령 충만하다."(요 7:38)
"나는 건강하다."(마 8:17)
"나는 부요하다."(고후 8:9)
"나는 지혜롭다."(엡 1:8)
"나는 평화롭다."(사 53:5)
"나는 생명을 가졌다."(요 6:47)
"다 이루었다."(요 7:38)

나는 이 사실을 듣고 단순하게 믿었습니다.

그리고 이 복음이 너무 좋아 꽉 붙잡고 살고 있습니다. 이러한 '칠중 속량의 복음'을 믿음으로 말미암아 하나님을 기쁘시게 하는 삶을 살게 되었고 많은 상을 받아 말할 수 없이 행복합니다.

"믿음이 없이는 하나님을 기쁘시게 하지 못하나니 하나님께 나아가는 자는 반드시 그가 계신 것과 또한 그가 자기를 찾는 자들에게 상 주시는 이심을 믿어야 할지니라."(히 11:6)

무엇보다 내 남은 인생, 하나님의 기쁨이 된 것이 큰 행복입니다.

나는 내가 그렇게도 간절히 기다렸던 하나님 아빠를 만났습니다. 불행했던 내게 예수님이 십자가에서 다 이룬 복음을 깨닫게 해 주신 하나님 아빠가 한없이 좋습니다. 얼마 전에 내 가슴을 늘 뭉클하게 하는 하나님 아빠가 너무 좋아 시를 한 편 썼습니다.

　　나의 사랑하는 아빠

　　창밖에 쌓여 있는 낙엽이 어제와 달라요.

　　어제보다 오늘 성령님을 더 사랑하는 마음을 주시고
　　내 남은 인생을 평안으로 수놓아 주신 하나님의 은혜를
　　어찌 말로 다 표현할 수 있을까요?

　　내 눈을 타고 흘러내리는 감사의 눈물은 마를 날이 없어요.
　　'아빠'라고 부르기만 해도 눈시울이 뜨거워집니다.
　　나의 행복은 하나님 아빠로부터 시작되었습니다.

복음은 나를 하나님의 영이신 성령님과 친밀한 사이로 만들어 주었습니다. 나는 복음을 깨닫고 성령님을 인격적으로 대하는 삶, 독대의 삶을 살기로 선택했습니다. 다윗이 그랬습니다.

"내가 여호와를 항상 내 앞에 모심이여."(시 16:8)

나는 성령님께서 내 모든 말을 듣고 계시다는 걸 믿습니다. 그래서 내 앞에 계신 성령님을 믿음의 눈으로 보면서 그분께 종알종알 내 마음에 있는 것들을 모두 말했습니다. 또한 나는 현상과 상관없이 성령님의 음성을 줄줄 듣고 있다고 믿었습니다. 그러자 정말 그렇게 되었습니다. 당신도 성령님과 친밀하게 지내기 바랍니다.

"여호와의 친밀하심이 그를 경외하는 자들에게 있음이여, 그의 언약을 그들에게 보이시리로다."(시 25:14)

모든 게 우리의 믿음대로 됩니다. 성령님은 우리가 하는 말을 다 듣고 계십니다. 내가 하는 말을 다 듣고 계신 성령님께서 내 믿음대로 줄줄 세미한 음성을 들려주십니다. 나는 성령님과 대화중에 더욱 그분과 친밀해졌습니다. 나는 복음을 깨닫고 전에 하지 않았던 것들을 하면서 살게 되었습니다. 그것이 무엇일까요?

날마다 성령님의 인도를 받으며 기도하는 삶입니다. 예수님께서 이 땅에 계실 때 성령님의 인도를 받으셨습니다. 그분은 한적한 곳에서 기도하셨고 군중들에게 천국 복음을 가르치셨습니다.

"새벽 아직도 밝기 전에 예수께서 일어나 나가 한적한 곳으로 가사 거기서 기도하시더니 시몬과 및 그와 함께 있는 자들이 예수의 뒤를 따라가 만나서 이르되 '모든 사람이 주를 찾나이다' 이르시되 '우리가 다른 가까운 마을들로 가자. 거기서도 전도하리니 내가 이를 위하여 왔노라' 하시고 이에 온 갈릴리에 다니시며 그들의 여러 회당에서 전도하시고 또 귀신들을 내쫓으시더라. 한 나병환자가 예수께 와서 꿇어 엎드려 간구하여 이르되 '원하시면 저를 깨끗하게 하실 수 있나이다' 예수께서 불쌍히 여기사 손을 내밀어 그에게 대시며 이르시되 '내가 원하노니 깨끗함을 받으라' 하시니 곧 나병이 그 사람에게서 떠나가고 깨끗하여진지라."(막 1:35~42)

우리는 천국 가는 날까지 예수님을 본받아야 합니다.

왜 우리는 천국 가는 날까지 예수님을 본받아야 할까요?

첫째, 그것이 하나님의 뜻이기 때문입니다.

둘째, 그것이 얼마나 중요했으면 제자들을 통해 예수님의 삶을 사복음서로 풍성하게 기록했을까 생각합니다.

셋째, 예수님은 완전한 믿음으로 하나님 아버지를 기쁘게 하신 분이기 때문입니다. 우리도 그래야 합니다.

넷째, 예수님은 십자가에 못 박히는 순간까지 전도하셨고 잃은 영혼을 한없이 사랑하셔서 전도하려고 성령으로 오셨습니다.

다섯째, 예수님은 가르치고 또 가르치셨습니다. 우리도 가르치고 또 가르쳐야 합니다. 주님은 우리에게도 명령하셨습니다.

"예수께서 나아와 말씀하여 이르시되 '하늘과 땅의 모든 권세를 내게 주셨으니 그러므로 너희는 가서 모든 민족을 제자로 삼아 아버지와 아들과 성령의 이름으로 세례를 베풀고 내가 너희에게 분부한 모든 것을 가르쳐 지키게 하라. 볼지어다, 내가 세상 끝날까지 너희와 항상 함께 있으리라' 하시니라."(마 28:18~20

예수님과 떠나는 신혼여행 이야기

당신은 변화무쌍한 성령님을 압니까?

어느 날 성령님은 무료함만 가득했던 나를 찾아 오셨습니다.

그날부터 내 인생은 성령님 때문에 하루하루가 너무나 재밌습니다. 아침에 눈을 뜨면 '성령님께서 어떻게 내게 주어진 하루를 재밌게 해주실까?' 하는 기대감이 넘칩니다. 당신도 그런가요?

전능한 신이신 성령님을 알게 된 건 내 남은 인생의 행복의 시작이 되었습니다. 나는 기대 속에 하루하루를 설레는 마음으로 열었습니다. 전능하신 성령님은 늘 나의 기대에 응답해 주셨습니다.

나와 함께 계신 성령님은 어떤 분이실까요?

천지의 창조주이십니다. "여호와께서 그의 능력으로 땅을 지으셨고 그의 지혜로 세계를 세우셨고 그의 명철로 하늘들을 펴셨으며 그가 목소리를 내신즉 하늘에 많은 물이 생기나니 그는 땅 끝에서 구름이 오르게 하시며 비를 위하여 번개를 치게 하시며 그의 곳간에서 바람을 내시거늘."(렘 51:15~16)

내 마음은 전능하신 성령님을 완전히 믿습니다. 그래서 나는 변화무쌍한 성령님께서 어떻게 앞으로 내 삶을 흥미롭고 재밌게 보내게 해주실지 기대감을 갖고 삽니다. 그래서 날마다 행복합니다.

내 인생에 일어난 변화는 내가 단지 성령님을 인격적으로 안 것뿐인데 어쩌면 이렇게 완전히 달라진 삶을 살게 되었을까요?

첫째, 성령님이 내 안에 살아 계신다는 사실 때문입니다.

옛날에 나는 남편이 일을 가고 방에 덩그러니 남게 되었을 때 혼자라고 생각했습니다. 하지만 그때나 지금이나 혼자가 아니었습니다. 남편보다 더 실재이신 성령님이 나와 함께 계셨습니다.

예전에 나는 천국같이 살고 싶어 거실에서 무릎 꿇고 뜨거운 눈물을 흘리며 하늘에 계신 하나님께 한 번 기도했습니다. 그리고 하나님께 맡기고 잊었습니다. 그렇게 기도한 것이 응답되었습니다.

당신도 한 번만 기도해도 응답이 옵니다.

"내가 진실로 너희에게 이르노니 누구든지 이 산더러 '들리어 바다에 던져지라' 하며 그 말하는 것이 이루어질 줄 믿고 마음에 의심하지 아니하면 그대로 되리라. 그러므로 내가 너희에게 말하노니 무엇이든지 기도하고 구하는 것은 받은 줄로 믿으라. 그리하면 너희에게 그대로 되리라."(막 11:23~24)

나는 온 마음으로 하늘에만 계신다고 생각했던 하나님을 구하고 찾았습니다. 그런 내게 성령님이 찾아오셨습니다. 드디어 내가 그렇게도 간절히 기다렸던 성령님을 만났습니다. "너희가 온 마음으로 나를 구하면 나를 찾을 것이요 나를 만나리라."(렘 29:13)

나는 예수님을 믿는 순간 성령님이 그 사람 안에 내주하신다는 사실을 알게 되었습니다. 예수님이 십자가에서 다 이룬 복음은 나의 신랑이 되시는 예수님과 영적 신혼여행을 떠나는 즐거움에 나를 푹 빠지게 만들었고 가슴 터질 듯한 행복이 있게 했습니다.

지금은 육체의 남편과 떠났던 신혼여행보다 더욱 행복합니다.

그리고 내 영혼의 남편이신 예수님을 만남으로 인해 육체의 남편과의 관계도 신혼여행 때보다 더 행복하고 좋아졌습니다. 다 나의 큰 남편이신 예수님의 은혜입니다. 내가 예수님을 너무나 사랑하니 작은 남편에 대한 나의 사랑조차 식을 줄 모르고 항상 뜨겁습니다.

나는 사람들에게 이렇게 말하곤 합니다.

"다시 태어나도 지금처럼 살고 싶어요."

물론 예수님을 믿으면 죽어서 천국에 가고 예수님을 믿지 않으면 죽어서 지옥에 갑니다. 그것으로 끝입니다. 그런데 왜 나는 그렇게 말할까요? 지금의 내 삶이 한없이 행복하기 때문입니다. 내 마음은 행복의 근원이신 성령님 때문에 마냥 행복하기만 합니다.

사람들은 행복한 내 얼굴을 보고 이렇게 말합니다.

"정말 행복해 보이세요."

둘째, 전능한 성령님을 알았기 때문입니다.

나는 전능한 성령님이 하늘에만 계신 게 아니라 내 속에 임하셨다는 사실을 깨닫고 힘이 솟구칩니다. 내면에 자신감이 터져 나왔습니다. 성령님으로 말미암은 자신감은 내 인생을 완전히 바꿨습니다. 당신 안에도 성령님이 실제로 살아 계십니다.

당신 안에 계신 성령님은 하나님이십니다.

나는 복음을 전하기 위해 사람들을 만난다

당신은 이단을 엄청 싫어하시는 하나님을 압니까?

옛날에 나는 부천에서 성령님과 단 둘이 전도를 다녔습니다.

하루는 도당산 근처를 지나갔는데 그날따라 인적이 드물었습니다. 이단들이 내게 웃으며 다가왔습니다. 그리고 종이를 한 장 내밀며 내게 말했습니다. "하나님 어머니를 아시나요?"

나는 눈길도 주지 않았습니다. 무시하고 갔습니다. 그런데 한 명이 따라오지 말라고 했는데도 100미터 정도 계속 나를 따라오면서 말했습니다. 이단이라도 사람은 인격적으로 존중해야 합니다.

나는 모든 사람을 존중하지만 그 속에 있는 악한 영들은 미워합니다. 악한 영들은 예수 그리스도를 대적하는 원수이기 때문입니다.

그 이단이 계속 찰거머리처럼 따라오기에 나도 모르게 눈을 치켜 뜨고 이렇게 불같이 소리쳤습니다. "저리 가."

내 말을 듣고 이단은 그 자리에 멈췄습니다. 나는 그때 이단이 하나도 두렵지 않았습니다. 그들을 불쌍히 여깁니다. 그래서 이단들을 보면 그들도 예수님을 믿게 해 달라고 하나님께 기도합니다.

잠실로 이사 와서 전도를 다닐 때 이단들과 마주친 적이 있습니다. 내게 다가왔지만 눈길도 주지 않았습니다. 내가 일방적으로 이단들에게 복음을 말할 기회가 아니면 나는 이단들과 이야기하지 않습니다. 미혹의 영이 묻어 올 수 있기 때문입니다.

언젠가 성령님께서 타로 집에 가서 전도하라고 하셨습니다.

그때 그곳에 있는 사람들에게 복음을 전했습니다.

"저처럼 예수님을 믿으세요. 그러면 배에서 생수가 터집니다."

나는 그들에게 예수님을 영접시켰고 교회로 인도했습니다.

나는 전도하며 예수님을 영접시키고 싶은 간절한 마음에 한 사람의 손을 잡았습니다. 그 순간 내 손에서 전기에 감전되는 것처럼 작은 불꽃이 파팍 하고 튀는 걸 느꼈고 기분이 안 좋았습니다.

나는 타로 집에서 나오면서 예수 이름으로 명령을 내렸습니다.

"예수 이름으로 명하노니 나쁜 기분은 사라져라."

"말에나 일에나 다 주 예수의 이름으로 하라"(골 3:17)고 했습니다. 나쁜 기분은 예수 이름으로 명령을 내리며 다스려야 합니다.

예수 이름으로 명령을 내린 후 며칠 동안 내 몸이 이상한 느낌이 계속 이어졌지만, 어느 순간 다 사라졌습니다.

나는 성령님께서 가라면 어디든지 갑니다. 그 무엇도 두렵지 않습니다. 하나님께서 언제나 나와 함께 하시기 때문입니다. 그래서 내 마음은 항상 든든합니다. 성경은 우리가 어떻게 살아야 할지를 명확하게 알려주는 참으로 귀하고 귀한 책입니다. "너는 범사에 그를 인정하라. 그리하면 네 길을 지도하시리라."(잠 3:6)

예전에 나는 깨닫지 못해 멸망하는 짐승 같았습니다. 그런 내가 예수님이 십자가에서 다 이룬 복음을 깨닫고 어린아이처럼 되었습니다. 얼마 전에 한 사람이 웃으며 이렇게 말했습니다.

"박미혜 전도사님은 어린아이 같아요."

복음은 나를 어린아이로 돌아가게 만들었습니다. 나는 만왕의 왕이신 나의 하나님 아빠 앞에서 어린아이처럼 웃으며 삽니다. 내가 엄청 좋아하는 건 침대에서 일어날 때 하나님 아빠를 보며 활짝 웃으며 긴 머리를 옆으로 하고 매만지는 것입니다. 정말 내 모습이 화려한 왕궁에 사는 하나님의 어린 공주 같다는 생각이 듭니다.

또 다른 내 모습은, 복음을 전할 때는 전신 갑주를 입고 모든 말을 한다는 것입니다. 그 무엇과도 불의와 타협하지 않는 내 모습을 봅니다. 내가 전도하러 다닐 때 한 사람이 나를 보며 말했습니다.

"전도 혼자 다니는 게 무섭지 않아요? 다들 두 명씩 다니던데."

나는 그 말을 듣고 속으로 웃었습니다.

"사실 난 혼자가 아닌데."

왜 나는 혼자가 아니라고 속으로 생각했을까요?

첫째, 성령님과 함께 다녔기 때문입니다.

세상 사람들은 성령님을 모르기 때문에 그런 말을 합니다. 나는 성령님과 다니며 천천만만의 천군 천사들이 나를 호위하고 있다고 믿습니다. 그래서 어디 가나 늘 든든합니다. "오직 의인은 믿음으로 말미암아 살리라 함과 같으리라"(롬 1:17)고 했습니다. 나는 믿음으로 삽니다. 모든 게 내 믿음대로 됩니다. 그렇게 믿고 그렇게 행동했기 때문에 어디를 가도 두렵지 않습니다. 또 예수 이름으로 명령을 내리면 두려움이 떠나갑니다. 조금도 두렵지 않습니다.

둘째, 내 몸을 성전 삼고 계신 성령님만 인정하기 때문입니다.

나는 나를 그분의 통로로 사용하시는 주님께서 나를 통해 모든 일을 하신다는 믿음으로 일합니다. 내 열심이 아닌 주님의 열심으로 일합니다. 내 주인 되시는 주님과 종인 나는 언제나 함께 합니다.

그래서 나는 항상 행복하고 당당합니다.

영혼을 살리는 일에 깨어 있어야 한다

당신은 영혼을 살리는 일에 대해 항상 깨어 있습니까?

나는 영혼을 살리는 일에 항상 깨어 있습니다. 내가 복음을 깨닫기 전에는 내 인생, 내 생명, 내 몸이 내 것이라고 생각했습니다.

그런 내가 성령님을 만남으로 나를 부인하고 주님만 인정하는 삶이 되었습니다. 복음을 깨닫고 즉시 내 배에서 생수가 터졌습니다.

"명절 끝날 곧 큰 날에 예수께서 서서 외쳐 이르시되 '누구든지 목마르거든 내게로 와서 마시라. 나를 믿는 자는 성경에 이름과 같이 그 배에서 생수의 강이 흘러나오리라' 하시니. 이는 그를 믿는 자들이 받을 성령을 가리켜 말씀하신 것이라."(요 7:37~39)

나는 영혼들을 살리는 일에 성령님의 인도와 지시를 받습니다.

"그가 모든 지혜와 총명을 우리에게 넘치게 하사"(엡 1:8)라는 말씀대로 그분은 모든 지혜와 총명을 내게 넘치게 하십니다. 하나님의 모든 지혜와 총명이 필요한 때는 무엇보다 전도할 때입니다.

그래서 나는 사람들을 만날 때마다 성령님께 묻습니다. 복음을 깨닫고 난후부터 내가 수없이 물어본 건 "주님, 저 사람은 예수님을 믿는지요?"라는 것이었습니다. 안 믿는다고 하면 정확한 때를 기다렸습니다. 나는 영혼을 살리는 일에 아주 적극적인 사람입니다.

성령님의 지시가 떨어지면 즉시 복음을 전하고 예수님을 영접시켰습니다. 성령님께서 지시한 걸 순종했습니다. 그렇게 일상생활에서 성령님의 지시를 따라 순간마다 영혼을 수확한 적이 많습니다.

또한 나는 전도한 사람을 내가 깨닫고 누리는 온전한 복음으로 양육하는 것에 초점을 둡니다. 그리고 그 사람이 내가 섬기는 교회로 오고 싶게 만듭니다. 하지만 그것 또한 주님께 다 맡깁니다. 다 맡긴다는 건 주님께서 하라는 대로만 한다는 것입니다.

무엇보다 지옥의 뜨거운 불구덩이로 갈 그 영혼들을 전도하여 구원한 것이 한없이 감사하고 행복합니다. 당신도 전도하십시오.

"하나님이 세상을 이처럼 사랑하사 독생자를 주셨으니 이는 그를 믿는 자마다 멸망하지 않고 영생을 얻게 하려 하심이라."(요 3:16)

얼마 전 겨울바람이 씽씽 불었습니다. 내 사무실로 연세가 많으신 남자 분이 카드를 배송하려고 왔습니다. 예수님을 믿지 않는 분이었습니다. 나는 성령님께 도움을 부탁했습니다. 그리고 살살 웃으면서 그 할아버지에게 이렇게 말했습니다.

"날씨가 춥지요. 따뜻한 물 한 잔 드릴게요."

나는 할아버지가 갈까 봐 몸을 부지런히 움직였습니다.

따뜻한 물을 주자 할아버지는 내게 커피를 마시고 싶다고 했습니다. 나는 따뜻한 커피를 주면서 예수님을 영접시켰습니다. 커피를 들고 가는 할아버지에게 나와 성경공부를 하자고 했습니다.

나는 오늘 내일 죽을지 모르는 한 영혼을 또 살렸습니다. 얼마나 행복한지 내 마음에서 감사와 찬양이 터져 나왔습니다.

또 한 번은 친환경 매장에 근무하는 직원을 영접시킬 때였습니다. 다음에 하겠다는 여자 직원에게 간절하게 다시금 부탁했습니다. 그러자 그분이 믿겠다며 "아멘" 하고 예수님을 영접했습니다.

나는 그 여자 직원에게 이렇게 말했습니다.

"사모님 안에 크신 예수님이 실제로 살아 계십니다."

나는 그동안 많은 사람에게 복음을 전하며 예수님을 영접시켰고 이렇게 말했습니다. "당신 안에 예수님이 실제로 살아 계십니다."

그러면 사람들이 놀라워했습니다.

"너희는 너희가 하나님의 성전인 것과 하나님의 성령이 너희 안에 계시는 것을 알지 못하느냐."(고전 3:16)

성령님은 영혼을 뜨겁게 사랑하는 내게 더 많은 사람들을 만나게 하셨고 일상생활에서 계속 전도하게 해주셨습니다. 나는 하나님의 일을 할 때 내가 뭘 하겠다고 설치는 걸 싫어합니다. 그냥 주님이 하시는 일을 지켜 볼 뿐입니다. 그런 나를 주님은 아주 많이 좋아하십니다. 복음은 영혼을 살리는 일에 죽어 있던 나를 깨웠습니다. 나는 천국 가는 날까지 영혼을 살리는 일에 깨어 있을 것입니다.

왜 나는 천국 가는 날까지 영혼을 살리는 일에 깨어 있을까요?

첫째, 내가 한없이 좋아하는 일이기 때문입니다.

둘째, 하나님 아버지 품에 한 영혼 한 영혼 안겨 드릴 때마다 너무나 행복합니다. 그래서 뜨거운 눈물을 흘리며 행복해 한 적이 많습니다. 전도해서 영혼이 구원 받는 것보다 행복한 일은 없습니다.

셋째, 내 안에 나는 없고 주님만 계시기 때문입니다.

바울도 자신의 옛 사람이 죽었다고 말했습니다. "내가 그리스도와 함께 십자가에 못 박혔나니 그런즉 이제는 내가 사는 것이 아니요. 오직 내 안에 그리스도께서 사시는 것이라. 이제 내가 육체 가운데 사는 것은 나를 사랑하사 나를 위하여 자기 자신을 버리신 하나님의 아들을 믿는 믿음 안에서 사는 것이라."(갈 2:20)

지금 길에는 차가운 겨울을 알리는 바짝 마른 낙엽이 바람을 타고 자유롭게 날아다닙니다. 그 모습이 꼭 나를 보는 것 같습니다.

내 안에 살아 계신 주님은 죽은 영혼을 살리는 일에 항상 깨어 있는 분이십니다. 당신도 영혼을 살리는 일에 항상 깨어 있는 사람이 되기 바랍니다. 전도자의 삶을 살기 원하는 당신을 축복합니다.

나는 만왕의 왕이신 하나님 아버지의 딸이다

당신은 강하신 하나님 아버지를 압니까?

내게 하나님 아버지는 한없이 따뜻한 손을 펼치신 분입니다.

강함의 근원 되시는 하나님 아버지는 사람의 시선이 두려워 벌벌

떨고 살던 내게 찾아 오셨습니다. 내 마음에 사람들의 시선을 조금도 두려워하지 않는 강하고 담대한 마음을 주셨습니다. 나는 예수님이 십자가에서 다 이룬 복음을 깨닫고부터 사람들의 시선을 두려워하지 않게 되었고 담대하게 사람들에게 복음을 전했습니다.

나는 만나는 사람마다 전도하고 인도하고 가르쳤습니다.

복음에 대한 확신과 자신감은 그때나 지금이나 변함이 없습니다.

나는 나를 행복하게 만든 복음이 너무나 자랑스럽습니다.

"내가 복음을 부끄러워하지 아니하노니 이 복음은 모든 믿는 자에게 구원을 주시는 하나님의 능력이 됨이라. 먼저는 유대인에게요 그리고 헬라인에게로다. 복음에는 하나님의 의가 나타나서 믿음으로 믿음에 이르게 하나니 기록된 바 오직 의인은 믿음으로 말미암아 살리라 함과 같으리라."(롬 1:16~17)

나를 향한 토기장이 하나님의 빚으시는 작업을 통해 내 마음은 그 무엇에도 흔들리지 않는 강한 마음이 되었습니다. 나를 단련하신 하나님 아버지의 사랑이 얼마나 큰지를 나는 잘 압니다.

"이제 주는 우리 아버지시니이다. 우리는 진흙이요 주는 토기장이시니 우리는 다 주의 손으로 지으신 것이니이다."(사 65:8)

나는 하나님 아버지의 영이신 성령님께서 내 안에 계신다는 사실을 깨닫고 내 모든 걸 하나님께 바쳤습니다. 내 안에 살아 계신 주님만 인정했습니다. 그러자 하나님께서는 말씀으로 나를 주물주물 만지셨습니다. "하나님의 말씀은 살아 있고 활력이 있어 좌우에 날선 어떤 검보다 예리하여 혼과 영과 및 관절과 골수를 찔러 쪼개기까지 하며 또 마음의 생각과 뜻을 판단하나니."(히 4:12)

생각하지 않고 툭툭 말해서 실수가 많았던 내게 성령님께서 기름을 부으셨습니다. 너무나 작았던 내 생각을 하나씩 깨뜨리기 시작했습니다. 성령님은 모든 걸 동원해 내 생각을 점점 더 크게 만드셨습니다. 그 과정은 오래 되었고 정말 많이 힘들었습니다.

"주 여호와의 영이 내게 내리셨으니 이는 여호와께서 내게 기름을 부으사 가난한 자에게 아름다운 소식을 전하게 하려 하심이라. 나를 보내사 마음이 상한 자를 고치며 포로된 자에게 자유를, 갇힌 자에게 놓임을 선포하며."(사 61:1)

나의 가까운 사람들은 예전의 나를 아는데, 그들은 내가 딴 사람이 되었다고 말합니다. "예수에게 미쳤어. 완전히 딴 세상 사람이야. 옛날의 박미혜는 어디로 갔나? 너무 행복해 보여."

나의 이런 모습은 하나님의 한없는 사랑의 결정체라고 표현할 수 있습니다. 나는 나를 지켜보며 나보다 더 힘들었을 성령님만 생각합니다. 그래서 감사 밖에 나오지 않습니다.

나는 복음을 깨닫고부터 '자유'라는 말을 많이 씁니다.

왜 나는 자유라는 말을 많이 쓸까요?

첫째, 한없이 행복해서입니다.

나는 나만의 시간을 갖기 위해 아침마다 가는 우리 집 앞에 있는 카페에 앉아 찬양을 듣습니다. 따뜻한 차를 마시며 통유리로 된 창밖을 내다봅니다. 그리고 성령님과 사랑의 대화를 나눕니다.

나는 내 앞에 휘익 하고 날아가는 새들을 보며 "자유다!"라고 말합니다. 꼭 복음으로 행복한 내 모습을 보는 것 같아서입니다.

자유롭게 날아다니는 새들의 힘찬 모습이 내 삶 같습니다.

둘째, 자유 속에 책임감이 있기 때문입니다.

나는 '죄목병가어징죽'의 삶에서 영원한 자유를 얻었고 내 삶에 '의성건부지평생'만 남았습니다. 내게 주어진 이 자유 속에는 방임이 아닌 책임감이 넘칩니다. 나는 내게 자유를 주신 하나님 아버지의 은혜를 도저히 갚을 길이 없기에 오직 복음을 전합니다.

지난 날 나처럼 지옥같이 불행하게 사는 사람들에게 복음을 전해서 자유를 주고 싶은 마음이 간절하기 때문입니다.

"오직 성령이 너희에게 임하시면 너희가 권능을 받고 예루살렘과 온 유대와 사마리아와 땅 끝까지 이르러 내 증인이 되리라."(행 1:8)

당신도 만나는 모든 사람에게 복음을 전하기 바랍니다.

모든 일에 주님만 앞세우며 살라

당신은 하나님께서 삶의 지표로 주신 성경 구절이 있습니까?

나는 초등학교를 다닐 때 처음 교회에 갔습니다. 그때 궤도에 요한복음 3장 16절로 만든 찬양을 들었습니다. 한 번 들은 찬양이 너무 좋았습니다. 그 찬양이 내 마음에 깊이 박혔습니다. "하나님이 세상을 이처럼 사랑하사 독생자를 주셨으니 누구든지 예수 믿으면 멸망하지 않고 영생을 얻으리로다. 요한복음 3장 16절."

예수님을 믿는 사람은 누구나 멸망하지 않습니다. 영생을 가졌습니다. 그런데 나는 당시에 그 말씀이 무슨 뜻인지 몰랐습니다. 그냥 내 입에서 흥얼거리기만 했습니다. 나는 죄와 목마름과 병과 가난과 어리석음과 징계와 죽음의 멸망의 길을 걷고 있었습니다. "존귀하나 깨닫지 못하는 사람은 멸망하는 짐승 같도다."(시 49:20)

당신은 자녀가 멸망하길 원합니까? 어떤 부모도 자식이 멸망하길 원하지 않습니다. 오직 잘되기만 바라고 복 받기를 바랍니다.

드디어 하나님 아빠가 나를 찾아 오셨고, 내게 복을 주기 위해 예수님께서 십자가에서 다 이룬 복음을 깨닫게 해주셨습니다.

또한 복음을 깨달은 내게 삶의 지표로 창세기 22장 17절을 암송하게 하셨습니다. "내가 네게 큰 복을 주고 네 씨가 크게 번성하여 하늘의 별과 같고 바닷가의 모래와 같게 하리니 네 씨가 그 대적의 성문을 차지하리라."(창 22:17)

복음은 내게 아브라함의 하나님, 이삭의 하나님, 야곱의 하나님, 요셉의 하나님, 다윗의 하나님이 아닌 '나의 하나님'을 바라보며 살게 만들었습니다. 믿음의 하나님을 인정하고 살게 했습니다.

"믿음은 바라는 것들의 실상이요."(히 11:1)

"오직 의인은 믿음으로 말미암아 살리라."(롬 1:17)

믿음이 없이는 하나님을 기쁘게 할 수 없습니다. 또한 하나님을 믿지 않는데 어떻게 자신의 삶이 기쁘겠습니까? 나는 하나님을 몰라 하나님을 기쁘시게 하는 삶을 살지 못했습니다. 그로 인해 내 삶에도 기쁨이라고는 눈곱만큼도 없었습니다. 그런 내가 지금은 하나님을 기쁘시게 하는 일에 인생의 초점으로 두고 삽니다.

지금 내 삶은 언제나 기쁨과 행복이 넘칩니다.

내게 믿음이라는 씨앗을 주시고 잘 자라게 하신 성령님 때문에 나는 복을 넘치게 받았습니다. 하루하루가 천국같이 행복합니다.

또 한 가지 내 삶의 지표로 성령님께서 내게 놀라운 성경 구절을 주셨습니다. 무엇일까요? "다 이루었다"(요 19:30)입니다. 나는 내 삶의 지표로 주신 하나님의 말씀 앞에 어떻게 반응할까요?

첫째, 나를 부인하고 주님이 다 하신다는 고백만 합니다.
둘째, 주님께 온전히 순종합니다.
셋째, 주님께만 굴복합니다.
넷째, 주님께만 엎드립니다.

이것이 곧 예배하는 삶이고 최고의 삶입니다.

주님, 천국 가는 날까지 복음만 전할게요

당신은 전도할 때 사람들을 인격적으로 존중합니까?

얼마 전에 일을 마치고 집으로 가는 길에 초등학교에 다니는 네 명의 남자 아이들을 봤습니다. 그 아이들은 예수님을 안 믿었습니다. 그래서 나는 그들에게 복음을 전하고 영접시키려고 했습니다.

나는 그 아이들에게 살살 웃으며 다가갔습니다. 아이들을 존중하기 위해 잠깐 시간이 되는지 물어보았습니다. 다들 덩치가 큰데 유독 한 아이만 체구가 작았습니다. 그 체구 작은 아이가 시간이 된다며 "네" 하고 대답했습니다. 나는 그 아이에게 내가 복음을 깨닫고 행복해진 이야기를 해줬습니다. 그동안 내가 정말 많이 했던 말입니다. 그 아이에게 나를 소개할 때 작가 선생님이라고 했습니다.

"선생님은 예수님을 믿고 너무나 행복해졌단다. 너도 예수님을 믿으렴. 그럼 지금 죽어도 천국에 간단다."

내 말을 듣고 아이는 "아멘" 하고 예수님을 영접했습니다. 그리고 나머지 세 명의 아이들에게도 복음을 전했습니다. 그런데 그 세 명의 아이들은 큰 소리로 불신의 말을 마구 했습니다. 나는 그 아이들은 그냥 두고 영접한 아이에게만 영접 기도를 시켰습니다.

"하나님, 예수님이 내 죄를 위해 십자가에서 피 흘려 죽으시고 부활하신 것을 믿습니다. 하나님이 제 아버지가 되어 주셔서 억만 번이나 감사합니다. 이제 저는 예수님을 믿음으로 죄를 사함 받고 의인이 되었습니다. 저는 예수님 안에서 성령 충만하고 건강하고 부요하고 지혜롭고 평화와 새 생명이 넘치는 삶을 살게 되었습니다. 천국같이 살다가 천국에 가게 해주셔서 감사합니다. 아멘."

그 아이는 성령님의 도우심으로 옆에서 영접 기도를 못하게 방해하는 아이들의 말에 개의치 않고 나를 따라 줄줄 고백했습니다.

나는 그 아이에게 복음이 담긴 책을 선물했습니다. 나는 전도하고 인도하고 양육하기 위해, 복음이 담긴 책을 가방에 몇 권 넣어 다닙니다. 그동안 많은 사람들에게 복음이 담긴 책을 선물했습니다.

나는 복음이 담긴 내 책과 시집을 선물하길 좋아합니다.

나는 복음을 깨닫고 책을 쓰는 목적이 분명했습니다.

"소책자라도 출간해서 이 행복한 소식을 전하고 싶다."

몇 년 동안 성령님은 내 기도에 응답이 없었습니다. 하나님의 거절은 항상 더 좋은 것을 주기 위함입니다. 성령님은 하나님도 존중하지 않고 나 자신도 존중하지 않고 이웃도 존중하지 않았던 내게 기름을 부어 나를 변화시키셨습니다. 복음을 깨닫고 난 후로는 저절로 하나님과 나와 이웃을 존중하게 되었습니다. "하나님을 사랑하고 이웃을 내 몸처럼 사랑하라"는 계명대로 살게 된 것입니다.

결국 성령님은 정식으로 된 여러 권의 책과 시집을 출간하게 하셨습니다. 당신도 책 전도와 책 선교에 대한 꿈을 가지기 바랍니다.

"책에 써서 후세에 영원히 있게 하라"(사 30:8)

나는 책과 시집을 출간해서 책 전도와 책 선교를 하고 있습니다. 책은 내가 가지 못하는 곳에 가서 수많은 사람들을 변화시킵니다.

그리고 나는 일상에서 성령님의 인도를 받으며 일대일로 사람들을 만나며 전도하고 있습니다. 이것은 천국 가는 날까지 내가 마땅히 해야 할 일입니다. 예수님은 이 땅에 계시면서 수많은 사람들을 만나셨고 천국 가는 날까지 복음을 전하셨습니다. 예수의 영이신 성령님이 우리 안에 계십니다. 그러므로 우리도 천국 가는 날까지 복음을 전해야 합니다. 예수님은 잃은 자를 찾으러 오셨습니다.

성령님이 오신 목적도 전도하기 위함입니다.

왜 우리는 천국 가는 날까지 복음을 전해야 할까요?

첫째, 복음은 세상과 나를 갈라놓는 날선 검이지만 잃은 영혼들로 하여금 하나님과 화평하게 하는 유일하고 막강한 능력입니다.

나는 복음을 깨닫고 평화의 왕이신 주님을 찬양했습니다. 하지만 주님은 복음 때문에 집안에서 분쟁하는 일이 있다고 하셨습니다.

"내가 세상에 화평을 주러 온 줄로 생각하지 말라. 화평이 아니요 검을 주러 왔노라."(마 10:34) "아버지가 아들과, 아들이 아버지와,

어머니가 딸과, 딸이 어머니와, 시어머니가 며느리와, 며느리가 시어머니와 분쟁하리라 하시니라."(눅 12:53)

우리가 복음을 전할 때 사람들은 말씀에 부딪칩니다. 하지만 결국 복음이 승리합니다. 천국은 침노하는 자의 것입니다.

당신이 예수님을 믿는 순간 당신 안에 천국이 임했습니다. 당신은 항상 깨어 기도하며 믿음으로 천국의 모든 걸 누려야 합니다. 또 사랑하는 사람들이 당신처럼 천국의 모든 걸 믿음으로 누릴 수 있도록 복음을 전해야 합니다. 그들을 복음으로 침노해야 합니다.

옛날에 나는 성령님께서 가라고 할 때마다 한 영혼 한 영혼에게 달려가 즐겁게 복음을 전했습니다. 그들에게 복음을 전하므로 침노했습니다. 한 곳에 100번 간 곳도 있고 60번 간 적도 있습니다. 그 밖에도 여러 번 간 곳이 있습니다. 항상 내 믿음은 주님이 가라면 이미 그 사람이 교회 나왔다는 믿음으로 달려갔습니다.

그리고 결과는 늘 주님께 맡겼습니다. 주님이 시켜서 했으면 그걸로 끝인 것입니다. 성령님께서 돼지처럼 먹고 자고만 하던 내게 복음을 깨닫게 해주신 건 전도하기 위함입니다. 당신도 그렇습니다.

전도하십시오. 때를 얻든지 못 얻든지 항상 전도하십시오.

하나님을 경외하는 마음을 주신 성령님

당신은 하나님을 경외함으로 행복합니까?

인생은 아름다운 것입니다. 나는 인생이 아름답다는 걸 예수님께서 십자가에서 다 이룬 복음을 깨닫고 알게 되었습니다.

예수님을 믿으면서도 자신이 아름답지 못하다고 느낀다면 그건 육신의 생각입니다. 예수님을 믿는 누구나 아름다우신 예수님이 그 속에 살아 계시기 때문에 우리 모두는 아름다운 존재입니다.

내 속에 잠자고 있던 아름다움이 복음으로 인해 발산되기 시작했습니다. 내 마음과 생각, 행동이 저절로 아름답게 되었습니다.

성경은 우리의 옛 사람이 이미 죽었다고 말씀합니다.

"우리가 알거니와 우리의 옛 사람이 예수와 함께 십자가에 못 박힌 것은 죄의 몸이 죽어 다시는 우리가 죄에게 종 노릇 하지 아니하려 함이니 이는 죽은 자가 죄에서 벗어나 의롭다 하심을 얻었음이라. 만일 우리가 그리스도와 함께 죽었으면 또한 그와 함께 살 줄을 믿노니 이는 그리스도께서 죽은 자 가운데서 살아나셨으매 다시 죽지 아니하시고 사망이 다시 그를 주장하지 못할 줄을 앎이로라. 그가 죽으심은 죄에 대하여 단번에 죽으심이요 그가 살아 계심은 하나님께 대하여 살아 계심이니 이와 같이 너희도 너희 자신을 죄에 대하여는 죽은 자요 그리스도 예수 안에서 하나님께 대하여는 살아 있는 자로 여길지어다."(롬 6:6~11)

나의 옛사람은 죽었고 그리스도 안에서 새사람이 되었습니다.

당신도 그리스도 안에서 그렇습니다. 나는 육신의 생각을 버리고 영의 생각을 하며 삽니다. 당신도 그렇게 살아야 합니다. 나는 진리를 깨달으면 그 진리를 붙들고 미친 듯이 달려갑니다. 복음은 내게 참 진리였습니다. 진리이신 예수님이 나를 자유롭게 했습니다.

"진리를 알지니 진리가 너희를 자유롭게 하리라"(요 8:32)

진리이신 예수님은 내게 '전인 부요'를 주셨습니다. 그분은 십자가에서 피 흘려 죽으시므로 나의 일곱 가지 저주 곧 죄와 목마름, 병과 가난, 어리석음과 징계와 죽음을 담당하셨고 그분을 믿는 내게 일곱 가지의 부요함을 주셨습니다. 이것이 전인 구원입니다.

"나는 의인이다."(롬 1:17)
"나는 성령 충만하다."(요 7:38)
"나는 건강하다."(마 8:17)
"나는 부요하다."(고후 8:9)
"나는 지혜롭다."(엡 1:8)
"나는 평화롭다."(사 53:5)
"나는 생명을 가졌다."(요 6:47)

나를 자유롭게 한 이 진리를 어떻게 감출 수 있을까요. 내게 참 행복을 준 이 은혜의 복음을 어찌 전하지 않을 수 있을까요?

우리가 아무것도 하지 않아도 하나님은 우리를 사랑하십니다. 한 없이 사랑하십니다. 하지만 나는 하나님을 위해 일합니다. 죄와 허물로 죽었던 나를 살리신 하나님의 은혜가 너무 감사해서 밖으로 나가 잃은 영혼을 전도하고 인도하고 양육합니다. 주님이 시키는 모든 일을 즐겁게 합니다. 또 이렇게 책을 씁니다. 이 책을 통해 천하보다 귀한 한 영혼이 구원 받고 행복해진다면 내가 투자한 시간과 비용은 조금도 아깝지 않습니다. 내 마음은 만족합니다.

나도 그렇게 변화되었습니다. 하나님을 경외하지 않았던 내게 어느 날 하나님을 경외하는 영이 임했고 내 인생은 바뀌었습니다.

"그의 위에 여호와의 영 곧 지혜와 총명의 영이요 모략과 재능의 영이요 지식과 여호와를 경외하는 영이 강림하시리니 그가 여호와를 경외함으로 즐거움을 삼을 것이며 그의 눈에 보이는 대로 심판하지 아니하며 그의 귀에 들리는 대로 판단하지 아니하며 공의로 가난한 자를 심판하며 정직으로 세상의 겸손한 자를 판단할 것이며 그의 입의 막대기로 세상을 치며 그의 입술의 기운으로 악인을 죽일 것이며 공의로 그의 허리띠를 삼으며 성실로 그의 몸의 띠를 삼으리라."(사 11:2~5)

당신은 하나님을 판단하지 않습니까? 나는 하나님을 판단하지 않습니다. 예전에 나는 하나님이 하늘에만 계신다고 생각했습니다. 지금은 그런 내 생각을 내려놓고 내 안에 살아 계신 주님을 인정합니다. 하나님은 어느 누구에게도 판단 받으시는 분이 아닙니다.

또한 나는 나를 판단하던 걸 내려놓고 나 자신에 대해 축복만 하며 살게 되었습니다. 이웃에 대한 판단도 내려놓고 너그러운 마음으로 그들을 사랑하고 이해하고 축복하며 삽니다.

복음으로 내 마음과 생각과 외모가 완전히 바뀌었습니다. 다 하나님의 은혜입니다. 내 인생이 복음 말고는 그 무엇도 자랑하지 않는 인생, 하나님만 경외하는 놀라운 제 2의 인생이 되었습니다.

그동안 복음을 전할 때 수많은 사람을 만났고 많은 고난을 겪었습니다. 그렇지만 나는 오직 하나님만 경외했습니다. 왜 나는 많은 고난을 받으면서도 변함없이 하나님만 경외했을까요?

첫째, 하나님이 나와 함께 계신다는 사실 때문입니다.

둘째, 하나님 아빠가 한없이 좋아서입니다.

셋째, 하나님 아빠가 한없이 자랑스러워서입니다.

넷째, 한 영혼을 한없이 사랑해서입니다.

다섯째, 나를 복음으로 살려주신 것에 한없이 감사해서입니다.

여섯째, 모든 것이 하나님의 은혜이기 때문입니다.

일곱째, 하나님만 경외한 예수님을 본받고 살기 때문입니다.

앞으로도 내 인생에 많은 일들이 펼쳐질 것입니다. 하지만 나는 조금도 두렵지 않습니다. 영원히 내가 경외할 분은 하나님뿐입니다.

나는 언제나 내 안에 살아 계신 주님을 인정합니다. "내가 그리스도와 함께 십자가에 못 박혔나니 그런즉 이제는 내가 사는 것이 아니요 오직 내 안에 그리스도께서 사시는 것이라. 이제 내가 육체 가운데 사는 것은 나를 사랑하사 나를 위하여 자기 자신을 버리신 하나님의 아들을 믿는 믿음 안에서 사는 것이라."(갈 2:20)

하나님만 경외하며 사는 지금의 내 삶이 한없이 좋습니다.

내 인생은 억만 번이나 행복합니다. 나는 기도합니다. "제게 하나님을 경외하는 마음을 주신 성령님, 억만 번이나 감사합니다."

나는 매순간 하나님의 은혜로 산다

당신은 그동안 전도하며 좋았던 추억이 있습니까?

나는 옛날에 일을 다니지 않고 하루에 두세 시간씩 돌아다니며 전도했습니다. 나는 그때 예쁘게 하고 다녔고 힐을 신었습니다.

한 번은 잠실에 사는 내게 성령님께서 화곡동에 사는 한 사람을 찾아가 전도하라고 하셨습니다. 거긴 버스에서 내려 20분 정도 걸어가야 하는 거리였습니다. 나는 힐 때문에 발이 엄청 아팠습니다. 잠실에서부터 전도하며 화곡동까지 다녀왔는데 5시간 정도 걸렸습니다. 발이 너무 아파 주저앉고 싶은 마음이었습니다. 그래도 힘을 내 끝까지 가서 전도하여 한 영혼을 하나님 품에 안겼습니다. 내게는 다리 아픈 것보다 한 영혼을 살렸다는 게 더 큰 기쁨이었습니다.

나는 한 영혼을 살리기 위해서라면 땅 끝까지라도 갈 것입니다.

"땅 끝까지 이르러 내 증인이 되리라."(행 1:8)고 했기 때문입니다. 하나님의 아들이신 예수님도 이 땅에 전도하기 위해 오셨습니다. 그분은 전도하기 위해 이 마을에서 저 마을로 가셨습니다.

"이르시되 우리가 다른 가까운 마을들로 가자 거기서도 전도하리니 내가 이를 위하여 왔노라."(막 1:38)

어쨌든 그 날 걷는다고 많이 힘들었습니다. 그 후부터 나는 힐을 신고 먼 거리에 가지 않습니다. 한 영혼이 천하보다 귀합니다. 하지만 나 또한 하나님 보시기에 천하보다 귀한 존재이기 때문입니다.

나는 내 몸의 건강을 위해 편한 신발을 신고 다닙니다.

성경에는 예수님께서 군대 귀신을 쫓아낸 사건이 나옵니다. 군대 귀신으로부터 자유를 찾은 한 영혼이 얼마나 귀합니까? 나는 그 사람이 얼마나 고통스러웠을까 하고 생각합니다.

"예수께서 바다 건너편 거라사인의 지방에 이르러 배에서 나오시매 곧 더러운 귀신 들린 사람이 무덤 사이에서 나와 예수를 만나니라. 그 사람은 무덤 사이에 거처하는데 이제는 아무도 그를 쇠사슬로도 맬 수 없게 되었으니 이는 여러 번 고랑과 쇠사슬에 매였어도 쇠사슬을 끊고 고랑을 깨뜨렸음이러라. 그리하여 아무도 그를 제어할 힘이 없는지라. 밤낮 무덤 사이에서나 산에서나 늘 소리 지르며 돌로 자기의 몸을 해치고 있었더라. 그가 멀리서 예수를 보고 달려와 절하며 큰 소리로 부르짖어 이르되 '지극히 높으신 하나님의 아들 예수여, 나와 당신이 무슨 상관이 있나이까? 원하건대 하나님 앞에 맹세하고 나를 괴롭히지 마옵소서' 하니 이는 예수께서 이미 그에게 이르시기를 '더러운 귀신아, 그 사람에게서 나오라' 하셨음이라. 이에 물으시되 '네 이름이 무엇이냐?' 이르되 '내 이름은 군대니 우리가 많음이니이다' 하고 자기를 그 지방에서 내보내지 마시기를 간구하더니 마침 거기 돼지의 큰 떼가 산 곁에서 먹고 있는지라. 이에 간구하여 이르되 '우리를 돼지에게로 보내어 들어가게 하소서' 하니 허락하신대 더러운 귀신들이 나와서 돼지에게로 들어가매 거의 이천 마리 되는 떼가 바다를 향하여 비탈로 내리달아 바다에서 몰사하거늘 치던 자들이 도망하여 읍내와 여러 마을에 말하니 사람들이 어떻게 되었는지를 보러 와서 예수께 이르러 그 귀신 들렸던 자 곧 군대 귀신 지폈던 자가 옷을 입고 정신이 온전하여 앉은 것을 보고 두려워하더라. 이에 귀신 들렸던 자가 당한 것과 돼지의 일을 본 자들이 그들에게 알리매 그들이 예수께 그 지방에서 떠나시기를 간구하더라."(막 5:1~17)

예수님은 한 영혼을 구원하기 위해 많은 대가를 지불하셨습니다.

우리도 한 영혼을 구원하기 위해 많은 대가를 지불해야 할 수도 있습니다. 아무리 많은 시간과 비용이 들더라도 조금도 아깝게 생각하지 마십시오. 복음을 깨달은 사람은 한 영혼이 천하보다 귀하다고 여깁니다. 왜일까요? 그의 마음이 잃은 영혼을 불쌍히 여기시는 주님의 마음과 하나가 되었기 때문입니다. 거라사인 사람들은 한 영혼보다 돼지 떼를 더 크게 봤고 구원자 예수님보다 돼지 떼를 더 크게 봤습니다. 예수님은 그 곳을 떠나셨습니다.

왜 떠나셨을까요? 그곳에서 배척당하셨기 때문입니다. 예수님은 인격적인 분입니다. 자신을 존중하는 사람을 존중합니다.

우리는 하나님, 예수님, 성령님을 존중해야 합니다.

나는 복음을 깨닫고 성령님을 존중했습니다. 나를 치료하신 나의 하나님을 존중했습니다. 그리고 성령님의 음성을 들으면 내 생각을 즉시 내려놓는 삶을 살았습니다. 이것이 내가 치른 대가입니다.

"나는 날마다 죽노라."(고전 15:31)

나는 나를 살리신 하나님의 은혜가 한없이 감사하기 때문에 즐거운 마음으로 성령님께서 하라는 대로 순종하면서 삽니다. 모든 일에 즐겨 순종합니다. 그리고 지금의 내 삶에 크게 만족합니다.

나는 하루 종일 중얼거리며 찬송하고 기도합니다. 그분이 내 모든 죄악을 사하시며 내 모든 병을 고치시고 내 인생을 새롭게 하셨기 때문입니다. "내 영혼아, 여호와를 송축하라. 내 속에 있는 것들아, 다 그의 거룩한 이름을 송축하라. 내 영혼아, 여호와를 송축하며 그의 모든 은택을 잊지 말지어다. 그가 네 모든 죄악을 사하시며 네 모든 병을 고치시며 네 생명을 파멸에서 속량하시고 인자와 긍

홀로 관을 씌우시며 좋은 것으로 네 소원을 만족하게 하사 네 청춘을 독수리 같이 새롭게 하시는도다."(시 103:1~5)

나는 하루 종일 걸어도 지치지 않습니다.

얼마 전에 봄맞이 집안 대청소를 했습니다. 잠들기 전까지 청소했는데 지치지 않았습니다. 나는 연약하지 않고 강합니다. "이는 선지자 이사야를 통하여 하신 말씀에 '우리의 연약한 것을 친히 담당하시고 병을 짊어지셨도다' 함을 이루려 하심이더라"(마 8:17)고 했기 때문입니다. 내가 가진 건강은 다 하나님의 은혜입니다.

내 마음은 늘 행복하고 즐겁습니다. 내 영은 기뻐 춤을 춥니다.

당신도 은혜를 입으면 마음이 행복해집니다.

"노아는 여호와께 은혜를 입었더라."(창 6:8)

우리도 하나님의 은혜를 입은 사람들입니다.

왜 우리가 하나님의 큰 은혜를 입은 자일까요? 은혜의 성령님이 우리 안에 임했기 때문입니다. 예수님을 믿는 우리는 은혜로 옷을 입었습니다. 예수님 자체가 은혜이기 때문입니다. 예수님은 은혜 위에 은혜가 되시는 분입니다. 당신 안에 은혜가 가득합니다.

우리의 저주를 십자가에서 모두 담당하신 예수님께서 우리에게 '의성건부지평생의 은혜'를 강물처럼 넘치게 베풀어 주셨습니다.

그분이 우리에게 은혜의 옷을 입혀 주셨습니다. 은혜의 옷은 날이 갈수록 더욱 더 빛납니다. 해처럼 밝게 빛납니다. 우리 안에 계신 예수님을 통해 우리에게 은혜와 진리가 충만합니다. "말씀이 육신이 되어 우리 가운데 거하시매 우리가 그의 영광을 보니 아버지의 독생자의 영광이요 은혜와 진리가 충만하더라."(요 1:14)

복음으로 달라진 내 얼굴을 보고 사람들은 놀랍니다.

"옛날의 박미혜 맞아?"

아가서에 나오는 하나님의 말씀이 내게 실제로 이루어진 것입니다. "사랑아, 네가 어찌 그리 아름다운지 어찌 그리 화창한지 즐겁게 하는구나."(아 7:6) 내 영혼은 아름답고 내 얼굴은 화창합니다.

하나님은 왜 우리에게 복음을 깨닫는 은혜를 주셨을까요?

첫째, 은혜는 하나님께서 거저 주신 선물입니다.

둘째, 우리를 통해 하나님의 은혜를 전하기 위함입니다.

셋째, 우리와 이 땅에서 뜨거운 사랑을 나누기 위해서입니다.

당신에게도 이러한 은혜가 강물처럼 흐르고 있습니다.

감사로 제사를 드리는 자는 하나님을 영화롭게 한다

당신은 하나님께 간절히 구한 게 있습니까?

나는 학창시절에 많은 친구를 사귀었고 그들과 자주 놀러 다녔습니다. 그렇지만 늘 외로웠습니다. 하나님만이 내 공허함을 채울 수 있었는데 그땐 그걸 몰랐습니다. 어느 날 성령님께서 내게 찾아 오셨습니다. 성령님은 창조의 영이십니다. "땅이 혼돈하고 공허하며 흑암이 깊음 위에 있고 하나님의 영은 수면 위에 운행하시라. 하나님이 이르시되 '빛이 있으라' 하시니 빛이 있었고."(창 1:2~3)

하나님의 말씀을 통해 내게 빛이 들어왔습니다. 나는 빛이신 예수님을 만남으로 내 배에서 생수가 철철 넘치게 되었습니다.

"명절 끝날 곧 큰 날에 예수께서 서서 외쳐 이르시되 '누구든지 목마르거든 내게로 와서 마시라. 나를 믿는 자는 성경에 이름과 같이 그 배에서 생수의 강이 흘러나오리라' 하시니. 이는 그를 믿는 자들이 받을 성령을 가리켜 말씀하신 것이라."(요 7:37~39)

내가 그렇게도 간절히 기다렸던 친구이신 성령님을 만나는 순간 내 마음에서 행복이 터졌습니다. 나는 아무리 행복하고 감사해도 사람들 앞에서는 눈물을 잘 보이지 않습니다. 안 그러면 시도 때도 없이 울 것입니다. 그런 내가 성령님께 감사하는 마음 때문에 눈물이 저절로 터지는 걸 멈출 수 없습니다. 그래서 성령님께 사람들이 많은 곳에서는 눈물을 보이지 않게 해 달라고 구한 적이 있습니다.

하지만 성령님과 단둘이 있을 때는 저절로 나오는 감사의 눈물은 그냥 흐르게 둡니다. 감사의 눈물이란 미리 계획하고 나오는 게 아니라 내 영과 마음으로부터 저절로 터지는 것이기 때문입니다.

감사해서 흐르는 눈물은 좋은 것이지만 사람들 앞에서 눈물을 보이는 건 그다지 좋지 않습니다. 사람들은 내 마음을 모르기 때문입니다. 내 마음을 다 아시는 분은 오직 성령님뿐입니다.

영과 육이 완전히 망가져 살날이 얼마 남지 않았던 내게 찾아오신 성령님 때문에 내 마음은 한없이 행복합니다. 예수님이 이 땅에 오셔서 하신 일 중에는 병 고침과 귀신 쫓는 일이 있습니다. 제자들도 예수님을 본받아 그렇게 했고 우리도 해야 합니다.

"예수께서 열두 제자를 불러 모으사 모든 귀신을 제어하며 병을 고치는 능력과 권위를 주시고 하나님의 나라를 전파하며 앓는 자를 고치게 하려고 내보내시며."(눅 9:1~2)

성령님은 병든 내 영혼과 육체를 치유하셨습니다.

나를 치유하신 하나님의 은혜를 갚을 길이 없습니다. 그래서 시도 때도 없이 감사하는 마음이 내 안에서 솟구칩니다. 사람은 마음에 가득한 게 얼굴로 나타납니다. 그렇게 행복한 내 모습을 보고 사람들이 칭찬합니다. "타인이 너를 칭찬하게 하고 네 입으로는 하지 말며 외인이 너를 칭찬하게 하라"(잠 27:2)고 했습니다.

나와 종종 마주치는 한 사람이 이렇게 말했습니다. "아니, 큰 아이가 둘이나 되는 데 어쩌면 몸매와 얼굴이 학생 같아요?"

복음을 깨닫기 전에는 들어보지 못했던 말입니다. 그런데 요즘은 사람들로부터 학생 같다는 말을 종종 듣곤 합니다. 다 내게 건강을 주신 하나님의 은혜 때문입니다. 내 안에 살아 계신 주님으로부터 흘러나오는 평화와 기쁨 때문입니다. 내게 이러한 건강과 행복, 평화를 주기 위해 예수님이 내 대신 채찍에 맞으셨고 징계를 받으셨습니다. "그가 찔림은 우리의 허물 때문이요 그가 상함은 우리의 죄악 때문이라. 그가 징계를 받음으로 우리는 평화를 누리고 그가 채찍에 맞음으로 우리는 나음을 받았도다."(사 53:5)

몇 년 전에 나는 성령님께 간절히 구한 게 있습니다.

그것이 무엇일까요? 전도입니다. 나는 죄와 허물로 죽었던 나를 살려주신 하나님의 은혜가 한없이 감사했고 내 마음이 행복해지자 잃은 영혼들과 악한 영으로 인해 고통 받는 불쌍한 영혼들을 많이 살리고 싶다는 소원이 간절해졌습니다. 그래서 하나님께 천국 가는 날까지 나를 통해 많은 영혼을 살리게 해 달라고 간구했습니다.

성령님을 모신 우리를 통해 온 땅에 복음이 전해지는 것이 하나님의 뜻입니다. 우리는 예수 그리스도의 대속의 은혜가 넘치는 사람들이며, 이 넘치는 은혜를 온 땅에 전해야 합니다. "오직 성령이 너희에게 임하시면 너희가 권능을 받고 예루살렘과 온 유대와 사마리아와 땅 끝까지 이르러 내 증인이 되리라."(행 1:8)

우리 모두 땅 끝까지 예수의 증인이 됩시다.

기도의 능력

초판 1쇄 인쇄 | 2023년 6월 10일
초판 1쇄 발행 | 2023년 6월 15일

지은이 | 김열방 김상혁 국순희 민두님 박경애 박미혜

발행인 | 김사라
발행처 | 날개미디어
등록일 | 2005년 6월 9일, 제2005-44호
주소 | 서울특별시 송파구 백제고분로9길 6(잠실동, A동 3층)
전화 | 02)416-7869
메일 | wgec21@daum.net

ISBN: 979-11-92329-31-4(03230)

책값 20,000원